# Orient

# Orient

# Inhalt

# Einleitung

## Der Orient – eine kulinarische Verlockung

Schon seit jeher hat der Orient, das sagenumwobene Morgenland, die Fantasie der Europäer beflügelt und bis heute hat der märchenhafte Zauber, der von schillernden Handelsplätzen wie Damaskus, Istanbul, Isfahan und Marrakesch ausgeht, nichts von seiner Faszination verloren. Kunstvoll gearbeitete Geschmeide, Gold durchwirkte Stoffe, Gebetsrufe des Muezzin, der sternenklare Himmel der Wüste, das pulsierende Leben der Basare und die prachtvolle orientalische Baukunst lassen jeden Besucher ins Schwärmen geraten.

Geheimnisvoll, fremd und anziehend zugleich wirkt diese Welt aus 1001 Nacht, die jeden Neuankömmling mit einer überbordenden Fülle an Farben, Aromen und Geräuschen empfängt. Schon wegen der Farbenpracht der Gewürzstände, aber auch der Berge von feilgebotenem Obst und Gemüse, lohnt es sich, einmal im Leben einen orientalischen Basar zu besuchen. Doch nicht nur die Gewürze haben dazu beigetragen, die Küche des Orients weit über alle Grenzen hinaus berühmt zu machen – sondern vor allem die ganz besondere Gastfreundschaft der Araber. Die Wüste – einer der lebensfeindlichsten Orte auf Erden – ist der Grund, weshalb der Gastfreundschaft in arabischen Ländern eine ganz besondere Bedeutung zukommt. Sie entstand aus der Notwendigkeit heraus, das Überleben zu sichern. Schon im Buch des Propheten wird explizit erklärt, wie man einen Gast zu bewirten hat. Trotz des Einbruchs der Moderne und der damit einhergehenden Verwestlichung der Gesellschaften, besonders in den Großstädten, hat die Gastfreundschaft im orientalischen Kulturkreis immer noch einen hohen Stellenwert. Wer nicht bereit ist, einen Freund oder einen Fremden einzuladen und sein Essen mit ihm zu teilen, gilt als geizig und unwürdig. Ein Gast sollte niemals eine Last sein, sondern immer eine Ehre.

Wenn Gäste im Haus sind oder Feste gefeiert werden, zeigt sich die orientalische Küche von ihrer glanzvollsten Seite: Jedes dieser Gastmahle beginnt mit einer Mezze-Tafel, die mitunter einen ganzen Tisch einnehmen kann und die Vielfalt der orientalischen Küche aufs Köstlichste unter Beweis stellt. Linsen- oder Erbsenbällchen, Falafel, Tomatenvariationen, gefüllte Teigtaschen, Hummus, Babaganoush und viele andere Pasten und auch Suppen regen den Appetit an und stimmen

ein auf das, was noch kommt. Meist reicht jedoch die Vielzahl der kleinen, feinen Köstlichkeiten, um auch den Hungrigsten wunschlos glücklich zu machen. Immer begleitet werden die Speisen von Brot, das in den arabischen Ländern mehr ist als nur eine Beilage. Fast schon religiöse Bedeutung kommt ihm zu und höflich wartet jeder, bis er an der Reihe ist, bringt es doch Unglück, wenn mehrere Hände gleichzeitig nach dem Brot greifen. Auch das Schneiden von Brot beschwört Unheil herauf, weshalb es in arabischen Ländern immer gebrochen und nie geschnitten wird. Das Backen der Fladenbrote hat im Orient eine jahrtausendealte Tradition. Auf dem Land wird es noch heute in schlichten Öfen selbst gebacken. Fladenbrot schmeckt am besten ganz frisch – so wundert es nicht, dass mehrmals am Tag gebacken wird.

Ist die Mezze-Tafel beendet, steht der Gast vor einer schwierigen Entscheidung, denn die orientalische Küche hat sowohl bei Geflügel-, Fleisch- und Fischgerichten und selbst bei den vegetarischen Hauptspeisen eine schier überwältigende Palette zu bieten. Typisch ist in jedem Fall die Verbindung von fein aufeinander abgestimmten Gewürzen mit Früchten – seien sie frisch oder getrocknet. Das Huhn mit Granatäpfeln sieht nicht nur umwerfend aus. Durch die feine Verbindung von Süße und Säure der Granatäpfel ist es auch eine regelrechte Geschmacksexplosion, die den Gaumen überwältigt. Aber auch die vielen anderen Geflügelrezepte bringen das Fleisch unglaublich saftig, zart und wohlschmeckend auf den Teller.

Bei den Fleischgerichten dominiert Lammfleisch mit Abstand. Durch seinen aromatischen Eigengeschmack ist

es – ob am Stück oder am Spieß gebraten oder als Bällchen serviert – geradezu prädestiniert, mit Kräutern und Gewürzen ebenso köstliche wie ungewohnte Verbindungen einzugehen. Fischgerichte haben in den arabischen Ländern eine lange Tradition, grenzt der Orient doch gleich an vier Meere. Der Atlantik, das Mittelmeer, das Rote Meer und der Arabische Golf sind Heimat der unterschiedlichsten Fischarten und Meeresfrüchte, und auch die Binnengewässer beherbergen eine Vielfalt an Süßwasserbewohnern. Eine reiche Auswahl an Fischgerichten findet sich daher auch in fast allen Ländern des Orients. Fische werden häufig gegrillt serviert – oft gewürzt mit verschiedenen Pasten, die den feinen Eigengeschmack der Fische nicht überdecken, sondern hervorheben und ergänzen.

Wer vegetarisch schlemmen möchte, ist in der orientalischen Küche besonders gut aufgehoben. Köstliche Gerichte, sei es in Verbindung mit Couscous oder mit Reis, die ganz ohne Fleisch und Fisch auskommen, warten darauf, entdeckt zu werden. Mit Ingwer gewürzte Möhren, Gemüse mit Datteln und Spinatpasteten klingen nicht nur köstlich, sie sind es auch.

Nach dem Hauptgang warten süße Verführungen darauf, Körper und Sinne wunschlos glücklich zu machen und das Mahl vortrefflich abzurunden. Schon Mohammed soll Honig über alles geliebt haben und auch heute ist es noch so, dass ein Mahl ohne süßen Abschluss, ohne sirupdurchtränkten Kuchen, ohne Mandeln oder Pistazien in Verbindung mit Honig, Datteln oder Zucker undenkbar ist. Seit dem frühen Mittelalter haben Süßigkeiten Hochkonjunktur. Zwar war Zucker auch im Orient kostbar, aber immer erschwinglicher als in Europa. Die Liebe zu süßen Speisen hat die Araber immer wieder zu den fantasievollsten Namen für ihre Speisen inspiriert: Der Turban des Richters, Gold des Granatapfels oder Gazellenhörnchen seien hier stellvertretend genannt.

Trotz aller Gemeinsamkeiten innerhalb der orientalischen Küche muss festgestellt werden, dass es eine einheitliche orientalische Küche nicht gibt, ja, nicht geben kann, denn was die Europäer als Orient bezeichnen, umfasst Länder, die Tausende von Kilometern und bis zu fünf Flugstunden voneinander entfernt liegen. Der Maghreb, bestehend aus Marokko, Algerien und Tunesien, bildet die westliche Begrenzung, östlich ist es Vorderasien mit dem Irak, Iran und Afghanistan. Im Süden dehnt sich der Orient auf die Arabische Halbinsel aus und der Vordere Orient ist mit Jordanien, Syrien, Israel und dem Libanon vertreten. Die nördliche Begrenzung bildet Kleinasien, die heutige Türkei. Der Orient besteht aus rund 15 verschiedenen Ländern. „Rund" deshalb, weil es keine allgemeingültige Regel gibt, welche Länder zum Orient zu zählen sind und welche nicht. Für einige ist es die arabische Sprache, die als Klammer fungiert, für andere ist es die Religion, der Islam, und für wieder andere ist der gemeinsame Kulturkreis das Verbindungselement.

Wir haben den Orient kulinarisch definiert, aber auch in der Kochkunst spielt die große Ausdehnung eine wichtige Rolle, hat doch jedes Land seinen eigenen Kochstil und seine eigene Küchen-

tradition, was eine immense Vielfalt an orientalischen Speisen mit sich bringt. Diese Rezeptfülle wurde zusätzlich durch gegenseitige Inspiration vervielfacht. Aber auch durch den Einfluss weit entfernter Länder, mit denen Handel getrieben wurde, die erobert wurden oder die ihrerseits eine Fremdherrschaft im Orient anstrebten. Schon vor rund 1000 Jahren ließen die Kalifen von Bagdad Rezepte aus den weit entfernten Provinzen und eroberten Gebieten zusammentragen, die dann in die einheimische Kochkunst integriert wurden. Aber auch die zahlreichen Handelskarawanen, die Pilger, die in Scharen nach Mekka, Jerusalem und in viele andere heilige Stätten zogen, brachten Gerichte mit, die Eingang in die orientalische Küche fanden.

Auch in diesem Buch finden Sie Rezepte, die diese kulinarischen Wechselwirkungen eindrucksvoll dokumentieren. Darüber hinaus wartet natürlich jedes Land mit eigenen Delikatessen auf. In Marokko ist es die Tagine oder Tajine, die sowohl das aus Ton gebrannte Schmorgefäß mit konischem Deckel bezeichnet als auch die darin gegarten Speisen. Des weiteren ist die marokkanische Küche für ihre Couscous-Variationen weit über die Landesgrenzen hinaus bekannt. Der Libanon besticht mit einer Fülle verschieden gefüllter Teigtaschen, Brik genannt. Zu Ägypten gehört Foul, der typische Bohneneintopf, und als Speise, die traditionell zum Sabbat gereicht wird, stellen wir Ihnen Gefillte Fisch vor.

Der Fastenmonat Ramadan spielt in den Küchen der muslimischen Länder eine große Rolle. In dieser jährlich wiederkehrenden Zeit soll sich der Gläubige in Selbstdisziplin und Mäßigung üben und zwischen Morgengrauen und Sonnenuntergang weder essen, noch trinken oder rauchen. Nach Einbruch der Dunkelheit wird häufig ein reichhaltiges Mahl aufgetischt, das in stundenlanger Arbeit von den Frauen vorbereitet wurde, gern wird dabei die Fastensuppe Harira gereicht, die sehr nahrhaft ist. Der Ramadan endet mit dem kleinen Bairam, einem mehrtägigen Fest, das Anlass bietet, beste Speisen in großer Fülle aufzutischen.

Ob Festtagsküche oder Alltagskost, die Seele der orientalischen Küche sind die Aromen. Der Zauber aus 1001 Nacht ist untrennbar mit den betörenden Düften der Basare und Straßenküchen, dem farbenfrohen, lebhaften Treiben auf den Straßen und der Gelassenheit der Männer, die im Kaffeehaus zu Pfefferminztee oder starkem Mokka Wasserpfeife rauchen, verbunden. Ob Minze oder Kardamom beim Kaffee, ob Honig, Safran oder Zimt bei feinem Gebäck oder aromatische Kräuter und Früchte in Verbindung mit köstlich gegrilltem Fleisch oder Fisch: Die Gewürze aus dem Morgenland, die einst mit Gold aufgewogen wurden, sind es, die den orientalischen Gerichten ihr unverwechselbares Aroma geben, das jedes Gericht zu einem Festmahl werden lässt.

Anders als zu früheren Zeiten müssen Sie weder Ihre Ersparnisse plündern, noch um die Qualität der Ware fürchten, denn heutzutage sind orientalische Gewürze in Asialäden, Supermärkten und türkischen Geschäften zu erschwinglichen Preisen erhältlich. Kühl, trocken und dunkel gelagert verlieren sie auch nach Monaten nichts von ihrem Aroma – und bringen Ihnen den Zauber der orientalischen Küche nach Hause.

# Mezze

# Babaganoush mit Fladenbrot

**Für 4 Portionen**

3 El Sesamsamen
3 El Mohnsamen
2 El gehackter Thymian
150 ml Olivenöl
2 Fladen- oder Pita-Brote
2 Auberginen
2 Knoblauchzehen
4 El Tahin (Sesampaste)
40 g gemahlene Mandeln
Saft von 1/2 Zitrone
1/2 Tl Kreuzkümmel
1/2 Tl Salz
10 Minzeblätter

Zubereitungszeit: ca. 10 Minuten (plus Grillzeit)
Pro Portion ca. 298 kcal/1218 kJ
7 g E, 18 g F, 25 g KH

1 Den Sesam in einer Pfanne ohne Fett rösten. Abkühlen lassen und anschließend mit dem Mohn und dem Thymian in einem Mörser zerstoßen. 125 ml Öl unterrühren. Die Fladenbrote waagerecht durchschneiden. Mit der Ölmischung bestreichen und anschließend knusprig braun grillen.

2 Die Auberginen waschen, abtrocknen und auf den heißen Grill legen. Unter ständigem Wenden grillen, bis die Oberfläche schwarz wird und Blasen wirft. Die Auberginen schälen, grob hacken, in einem Sieb abtropfen lassen, anschließend ausdrücken und fein pürieren.

3 Den Knoblauch schälen, hacken und mit Tahin, Mandeln, Zitronensaft, Kreuzkümmel und Salz zu einer glatten Paste mixen und mit der Auberginenpaste vermischen.

4 Die Minze waschen, trocken schütteln, die Hälfte grob hacken und unter die Paste rühren. Babaganoush auf die Hälfte der Brote streichen, mit der restlichen Minze bestreuen und mit restlichem Olivenöl beträufeln. Mit den restlichen Brothälften bedecken.

# Fladenbrot nach arabischer Art

**Für 10 kleine oder 5 große Brote**

30 g Hefe
1 Tl Zucker
125 g Butter
1 kg Weizenmehl
1 Tl Salz
2 Eier
Fett für die Bleche
1 Eigelb

Zubereitungszeit: ca. 45 Minuten (plus Zeit zum Gehen)
Pro Portion ca. 465 kcal/1953 kJ
13 g E, 14 g F, 179 g KH

1 Die Hefe mit dem Zucker in eine Schüssel geben und 100 ml warmes Wasser zufügen. Vorsichtig vermengen und abgedeckt 20 Minuten gehen lassen. Inzwischen die Butter schmelzen und beiseite stellen.

2 Das Mehl in eine Schüssel geben, in die Mitte eine Mulde drücken, das Salz sowie den Hefevorteig, die Butter und 200 ml warmes Wasser hineingeben und miteinander vermengen. 2 Eier dazugeben und alles zu einem glatten Teig verarbeiten.

3 Den Teig in 5 oder 10 Teile teilen und zu Fladen formen. Die Teigfladen auf mehrere eingefettete Bleche verteilen und etwa 30 Minuten an einem warmen Ort abgedeckt gehen lassen.

4 Den Backofen auf 200 °C (Umluft 180 °C) vorheizen. Das Eigelb verquirlen. Die Teigfladen mit Eigelb bestreichen und im Ofen etwa 20 Minuten goldgelb backen. Noch ofenwarm servieren.

# Kichererbsenbällchen mit Koriander

**Für 4 Portionen**

250 g getrocknete Kichererbsen

1 Prise Natronpulver

1 Zwiebel

1 Knoblauchzehe

je 4 Stiele Petersilie und Koriandergrün

je 1 Tl gemahlener Koriander, Kreuzkümmel und edelsüßes Paprika

1 Tl Backpulver

Salz

Öl zum Frittieren

Zubereitungszeit: ca. 20 Minuten (plus Zeit zum Wässern und Frittieren)
Pro Portion ca. 154 kcal/647 kJ
12 g E, 2 g F, 23 g KH

1 Die Kichererbsen mit dem Natron mischen und in eine Schüssel geben. Soviel Wasser hinzufügen, dass die Kichererbsen bedeckt sind. Über Nacht ruhen lassen.

2 Die Zwiebel und den Knoblauch schälen und in Würfel schneiden, die Kräuter waschen, trocknen und fein hacken. Die Kichererbsen abtropfen lassen und mit der Zwiebel, Knoblauch und den Kräutern pürieren.

3 Die Gewürze und das Backpulver unterrühren und mit Salz abschmecken. Anschließend mit den Fingern kleine Bällchen formen. Das Öl erhitzen und die Bällchen darin goldbraun ausbacken. Auf Küchenpapier abtropfen lassen und noch warm mit Fladenbrot servieren.

# Lauchbällchen mit Petersilie

**Für 4 Portionen**

500 g Lauch
2 El Olivenöl
5 El Hühnerbrühe
20 g Butter
20 g Mehl
150 ml Milch
1 Ei
Paniermehl zum Wenden
Öl zum Frittieren
1 1/2 El gehackte glatte Petersilie

Zubereitungszeit: ca. 10 Minuten (plus Gar- und Frittierzeit)
Pro Portion ca. 310 kcal /1302 kJ
7 g E, 27 g F, 11 g KH

1 Den Lauch putzen, gründlich waschen und in Scheiben schneiden. Das Öl in einer Pfanne erhitzen und den Lauch darin etwa 5 Minuten dünsten. Die Hühnerbrühe angießen und alles 10–15 Minuten langsam schmoren.

2 Die Butter in einem Topf zerlassen, das Mehl darin goldgelb anschwitzen, anschließend die Milch unter Rühren angießen. Aufkochen und die Sauce etwa 10 Minuten kochen lassen.

3 Den Lauch mit dem Sud zur Sauce geben, darunter mischen und abkühlen lassen. Aus der Masse walnussgroße Bällchen formen und in verquirltem Ei und in Paniermehl wenden.

4 Das Frittierfett erhitzen und die Bällchen darin rundherum goldbraun frittieren. Herausnehmen und auf Küchenpapier abtropfen lassen. Vor dem Servieren mit Petersilie bestreuen.

# Libanesische Teigtaschen
## mit Hackfleisch

**Für 20 Stück**
350 g Mehl
Salz
1/2 Würfel Hefe
1/2 Tl Zucker
2 kleine gehackte Zwiebeln
1 El Butterschmalz
300 g Rinderhackfleisch
4 El Pinienkerne
1 Msp. Zimt
1 Prise gemahlener Piment
1/2 Tl Paprika
Pfeffer
Mehl
1 Eigelb
Öl

Zubereitungszeit: ca. 45 Minuten (plus Zeit zum Gehen und Backen)
Pro Stück ca. 109 kcal/456 kJ
5 g E, 4 g F, 13 g KH

1 Mehl mit 1/2 Tl Salz vermischen, Hefe mit Zucker und 200 ml lauwarmem Wasser verrühren. Alles zu einem Hefeteig kneten, zugedeckt 30 Minuten gehen lassen.

2 Inzwischen Zwiebeln im Fett glasig dünsten. Hackfleisch mitbraten, bis es krümelig ist. Pinienkerne und Gewürze 4 Minuten mitbraten, salzen, pfeffern und abkühlen lassen. Backofen auf 225 °C (Umluft 205 °C) vorheizen.

3 Teig auf einer bemehlten Arbeitsfläche dünn ausrollen, anschließend 8 cm große Kreise ausstechen. In die Mitte eines jeden Kreises 1 Tl Füllung geben und mit einigen Tropfen Wasser beträufeln. Eigelb mit 1 El Wasser verquirlen, Teigränder damit bestreichen.

4 Teigrand an 3 Punkten hochnehmen und nicht ganz bis zur Mitte hin über der Füllung zusammendrücken, so dass ein Dreieck entsteht und in der Mitte eine kleine Öffnung bleibt. Teigtaschen auf ein gefettetes Backblech setzen, mit restlichem Eigelb bestreichen und 15 Minuten gehen lassen. Im Backofen etwa 15 Minuten backen.

# Teigtaschen mit Kreuzkümmel

**Für 4 Portionen**

400 g Mehl
1 Ei
1 Tl Salz
1 Zwiebel
1 Bund gehackter frischer Koriander
250 g Rinderhackfleisch
Salz
Pfeffer
1 Tl mildes Paprikapulver
1 Msp. gemahlener Kreuzkümmel
500 g Vollmilchjoghurt
3 Knoblauchzehen
100 g Butter
1 Tl scharfes Paprikapulver

Zubereitungszeit: ca. 30 Minuten (plus Ruhezeit)
Pro Portion ca. 773 kcal/3245 kJ
29 g E, 38 g F, 79 g KH

1 Das Mehl mit dem Ei, 1/8 l Wasser und etwas Salz mischen und zu einem glatten Teig verarbeiten. In Klarsichtfolie wickeln und 30 Minuten ruhen lassen. Die Zwiebel schälen und fein hacken.

2 Hackfleisch mit Zwiebeln und Koriander mischen, Gewürze zufügen und unterkneten. Den Teig in 5 Stücke teilen und 2 mm dick ausrollen. In Quadrate von 4 cm Seitenlänge schneiden.

3 Auf jedes Teigquadrat etwas Hackfleischmasse geben. Die Teigränder in der Mitte zusammenfügen. In Salzwasser 4–5 Minuten kochen, bis die Teigtäschchen an die Oberfläche kommen. Abtropfen lassen.

4 Den Joghurt durch ein Tuch passieren und abtropfen lassen. Knoblauch schälen und zerdrücken. Butter erhitzen und Paprikapulver darin schwenken. Joghurt und Knoblauch verrühren und mit Salz und Pfeffer abschmecken.

5 Die Teigtäschchen mit Paprikabutter beträufeln und mit Joghurt servieren.

# Hähnchen-Falafel mit Minze

**Für 4 Portionen**

50 g Bulgur
4 große Tortillas (FP)
250 g Kichererbsen (aus der Dose)
3 gehackte Frühlingszwiebeln
1 gehackte Essiggurke
2 kleine gewürfelte Tomaten
3 El gehackte glatte Petersilie
2 El gehackte frische Minze
1 El Zitronensaft
2 El Olivenöl
1–2 gehackte Knoblauchzehen
1 gehackte Schalotte
1 Tl gemahlener Koriander
1 Tl gemahlener Kreuzkümmel
1/2 Tl gemahlener Zimt
400 g Hähnchenhackfleisch
Salz
Pfeffer
Mehl zum Wenden
Öl zum Frittieren
100 g Joghurt

Zubereitungszeit: ca. 35 Minuten (plus Back- und Frittierzeit)
Pro Portion ca. 370 kcal/1554 kJ
34 g E, 10 g F, 34 g KH

1 Den Bulgur etwa 20 Minuten in heißem Wasser einweichen. Die Tortillas in je 3 Tortenstücke schneiden und mit einem feuchten Küchentuch vor dem Austrocknen schützen. Aus Backpapier 12 Rechtecke (ca. 7 x 16 cm) schneiden. Backpapier um die untere Hälfte der Tortillas wickeln, sodass eine Tütenform entsteht. Papier an der Spitze zusammendrehen.

2 Bulgur absieben und das Wasser ausdrücken. Kichererbsen abtropfen lassen und mit Bulgur, Frühlingszwiebeln, Gurke, Tomaten, Kräutern, Zitronensaft und 1 El Olivenöl vermischen. Den Knoblauch mit der Schalotte im restlichen Öl glasig dünsten. Gewürze mitbraten, bis sie anfangen zu duften. Mit dem Hackfleisch vermengen, salzen und pfeffern. Daraus mit nassen Händen kleine Taler formen, in Mehl wenden und etwa 5 Minuten in heißem Öl frittieren. In jede Tüte eine Falafel, etwas Bulgurmischung und Joghurt geben und servieren.

# Yufkapastete mit Schafskäse

**Für 6 Portionen**

200 g Schafskäse
1 Bund Dill
1 Bund glatte Petersilie
Butter für die Form
12 Yufkateigplatten (Blätterteig)
Salz
2 El Olivenöl
150 g Butter
140 ml Milch

Zubereitungszeit: ca. 20 Minuten (plus Koch- und Backzeit)
Pro Portion ca. 1103 kcal/4631 kJ
16 g E, 97 g F, 45 g KH

1 Den Schafskäse zerdrücken. Die Kräuter waschen, trocken schütteln und fein hacken. Kräuter unter den Käse mischen. Eine große Auflaufform einfetten.

2 Die Yufkateigplatten in Größe der Form zuschneiden. Eine Teigplatte in die Form legen. Den Backofen auf 225 °C (Umluft 200 °C) vorheizen.

3 In einem Topf Salzwasser mit Olivenöl erhitzen und 10 Teigplatten darin einzeln jeweils etwa 2 Minuten kochen. Wenn sie an die Oberfläche kommen, herausholen. Die Teigplatten sofort in kaltem Wasser abschrecken und abtropfen lassen.

4 Butter erwärmen und mit der Milch verrühren. Die Teigplatten damit einstreichen und 5 Stück aufeinander in die Form schichten. Die Käsemischung auf die 5. Platte geben, dann die restlichen 5 Platten auflegen.

5 Überhängende Teigränder nach innen klappen. Die letzte ungekochte Teigplatte zuoberst legen und ebenfalls mit der Butter-Milch-Mischung einpinseln.

6 Die Pastete in Quadrate von 8 cm Seitenlänge schneiden und im Backofen 30 Minuten backen. Heiß servieren.

# Gefülltes Fladenbrot
## mit Schafskäse

**Für 8 Portionen**

600 ml Milch
20 g Hefe
2 El Zucker
1 kg Mehl
200 ml Sonnenblumenöl
1 Tl Salz
750 g Hackfleisch oder Schafskäse
1 Eigelb
Butter zum Bestreichen

Zubereitungszeit: ca. 40 Minuten (plus Ruhezeit)
Pro Portion ca. 1800 kcal/7560 kJ
69 g E, 86 g F, 187 g KH

1 Die Milch erwärmen, mit der Hefe und dem Zucker verrühren und 30 Minuten quellen lassen. Mehl, Öl und Salz unterrühren und einen glatten Teig herstellen, etwa 60 Minuten ruhen lassen.

2 Inzwischen für die Füllung das Hackfleisch vorbereiten, nach eigenem Geschmack würzen und anbraten oder den Schafskäse klein schneiden. Den Teig in mehrere Teile teilen und zu Ovalen ausrollen.

3 Den Backofen auf 200 °C (Umluft 180 °C) vorheizen. Einen El Füllung in die Mitte jedes Teigstücks geben und die Seitenränder nach oben ziehen. Die Füllung sollte vollständig bedeckt sein.

4 Alle weiteren Teigstücke ebenso füllen. Die Teigränder mit verquirltem Eigelb bestreichen, die Fladenbrote auf ein Backblech legen und im Ofen etwa 20 Minuten goldbraun backen. Anschließend mit Butter bestreichen und heiß servieren.

# Frittierte Bohnenbällchen
## mit Paprika

**Für 4 Portionen**

400 g Libye (Schwarzaugenbohnen, in türkischen Lebensmittelläden erhältlich)

3 Zwiebeln

1–2 El gekörnte Brühe

2 rote Paprika

2 gelbe Paprika

4 Eier

40 g getrocknete und gemahlene Krabben

Chili-Pfeffer

Salz

1 l Erdnussöl

Zubereitungszeit: ca. 30 Minuten
(plus Zeit zum Quellen und Garzeit)
Pro Portion ca. 490 kcal/2058 kJ
21 g E, 34 g F, 26 g KH

1 Die Bohnen 5 Minuten in kaltem Wasser einweichen, anschließend waschen, die Häutchen entfernen und möglichst über Nacht in kaltem Wasser quellen lassen.

2 Eingeweichte Bohnen abgießen. Die Zwiebeln schälen und klein würfeln. 2/3 der Zwiebeln mit den etwas abgetropften Bohnen und der Instantbrühe im Mixer fein pürieren. Paprika putzen, waschen und halbieren, den Stielansatz und die Kerne entfernen, anschließend in Würfel schneiden.

3 Die Eier mit dem Krabbenpulver verrühren. Restliche Zwiebelwürfel mit den Paprikawürfeln zur Bohnenpaste geben. Die Eimasse zur Paste geben, alles mit Chili-Pfeffer und Salz verkneten und abschmecken.

4 Das Erdnussöl in einem Topf erhitzen. Mit 2 Esslöffeln aus der Masse kleine Nocken formen, in das heiße Öl geben und goldbraun frittieren.

5 Die Bällchen herausnehmen, auf Küchenpapier abtropfen lassen und warm servieren. Dazu passt ein pikanter Tomatendip.

# Frittierte Erbsenbällchen
## mit Käse

**Für 4 Portionen**

200 g gelbe Erbsen

1 Zwiebel

1 Bund Petersilie

30 g Paniermehl

50 g frisch geriebener würziger Hartkäse

1 Ei

Salz

schwarzer Pfeffer

1/4 Tl Paprikapulver

Mehl zum Wenden

Olivenöl zum Frittieren

Zubereitungszeit: ca. 20 Minuten
Pro Portion ca. 353 kcal/1481 kJ
12 g E, 23 g F, 25 g KH

1 Die Erbsen waschen, abtropfen lassen und in 500 ml Wasser bei geringer Temperatur etwa 1 Stunde 30 Minuten kochen, bis sie breiig sind. Abkühlen lassen.

2 Die Zwiebel schälen und fein hacken. Petersilie waschen, trocken schütteln und ebenfalls hacken.

3 Zwiebel, Petersilie, Paniermehl, Käse und Ei in einer Schüssel mischen. Mit Salz und Pfeffer würzen. Den Erbsenbrei unterrühren und mit Paprika pikant abschmecken.

4 Aus der Masse mit den Händen kleine Bällchen formen. Die Bällchen in Mehl wenden.

5 Das Olivenöl in einem tiefen Topf erhitzen und die Erbsenbällchen darin goldbraun frittieren. Auf Küchenpapier abtropfen lassen.

# Türkische Pizza mit Hackfleisch

**Für 4 Stücke**

350 g Hartweizenmehl
7 g Trockenhefe
1 1/2 Tl Salz
1 Tl Zucker
1 rote Zwiebel
1 milde rote Chilischote
200 g Lammhackfleisch
1 Tl Paprikapulver
2 Tl Paprikapaste
Öl zum Einfetten
1 Tl Sumach (türkisches Gewürz)
Saft von 1 Zitrone

Zubereitungszeit: ca. 40 Minuten (plus Zeit zum Gehen)
Pro Portion ca. 435 kcal/1827 kJ
24 g E, 6 g F, 70 g KH

1 Mehl mit Hefe und je 1 Tl Salz und Zucker mischen. In die Mitte des Gemischs eine Mulde drücken und 200 ml warmes Wasser einfüllen. Alles sofort gut verrühren und noch so viel Wasser zugießen, dass ein glatter Teig entsteht.

2 Den Teig gut durchkneten, dann abgedeckt an einem warmen Ort 35 Minuten gehen lassen. Die Zwiebel schälen, eine Hälfte hacken, die andere in Ringe schneiden. Die Chilischote waschen, entkernen und ebenfalls hacken.

3 Lammhack mit gehackter Zwiebel, Chili, Paprikapulver und -paste und dem restlichen Salz mischen. Dazu die Küchenmaschine benutzen, damit die Masse eine geschmeidige Konsistenz bekommt.

4 Den Backofen auf 220 °C (Umluft 200 °C) vorheizen. Den Teig in vier gleich große Stücke teilen und etwa 0,5 cm dick oval ausrollen. Zwei Backbleche einfetten und die vier Teigovale darauf legen.

5 Die Fleischmasse auf die Teigplatten auftragen. Jedes Blech ca. 12 Minuten in den Ofen geben und die Pizzen backen, bis das Fleisch gar ist. Sofort mit Sumach bestreuen, mit Zwiebelringen belegen, mit Zitronensaft beträufeln und aufrollen.

# Gefüllte Weinblätter mit Hackfleisch

**Für 4 Portionen**

500 g eingelegte Weinblätter
50 g Backpflaumen
50 g eingelegte entkernte Sauerkirschen
50 g Rosinen
250 g Rinderhackfleisch
100 g Reis
3 El fein gewiegte Petersilie
1 El frisch gehackte Minzeblättchen
schwarzer Pfeffer aus der Mühle
Salz
1 Prise gemahlener Safran
2 unbehandelte Zitronen
125 ml Olivenöl

Zubereitungszeit: ca. 30 Minuten (plus Zeit zum Wässern und Garzeit)
Pro Portion ca. 453 kcal/1901 kJ
5 g E, 27 g F, 46 g KH

1 Die Weinblätter etwa 6 Stunden in kaltes Wasser legen. Danach mit Küchenpapier gründlich abtupfen, mit der Unterseite nach oben ausbreiten und die Stiele abschneiden.

2 Backpflaumen, Kirschen und Rosinen grob hacken und mit Hackfleisch, Reis, Petersilie und den übrigen Gewürzen und der Minze mischen. Auf jedes Weinblatt einen Esslöffel der Masse geben. Beim Einrollen nach der ersten Umdrehung die seitlichen Blattränder nach innen schlagen. Die gefüllten Weinblätter sollten etwa 5 cm lang sein.

3 Die Zitronen in Scheiben schneiden, mit der Hälfte den Boden einer Pfanne auslegen und die Weinblätter darauf betten. Mit den restlichen Zitronenscheiben die Weinblätter belegen. Olivenöl und 2 Tassen Wasser angießen und zugedeckt bei mittlerer Hitze 1 Stunde köcheln lassen.

4 Die Zitronenscheiben entfernen und die gefüllten Weinblätter mit dem Dünstsaft begießen. Anschließend gut durchkühlen lassen und servieren.

# Arabische Pastete
## mit Ingwer

**Für 4 Portionen**

3 kleine Zwiebeln
60 ml Olivenöl
750 g Rinderhackfleisch
2 Tl gemahlener Zimt
1/2 Tl gemahlener Kreuzkümmel
1/2 Tl gemahlener Ingwer
1/2 Bund gehackter frischer Koriander
3 Eier
500 g Filoteigblätter
150 g Butter
Fett für das Blech
einige Blättchen Koriander

Zubereitungszeit:
ca. 1 Stunde 15 Minuten
Pro Portion ca. 935 kcal/3927 kJ
45 g E, 81 g F, 11 g KH

1 Den Backofen auf 150 °C (Umluft 130 °C) vorheizen. Zwiebeln schälen und hacken. Im heißen Olivenöl andünsten, das Hackfleisch zufügen und unter Rühren anbraten. Die Gewürze unter das Hackfleisch mischen und alles etwa 15 Minuten garen. Dann den Koriander unterrühren.

2 Die Eier verquirlen und zum Hackfleisch geben, 2 Minuten mitschmoren, bis die Masse andickt. Erneut abschmecken und abkühlen lassen.

3 Die Teigblätter in vier gleich große Rechtecke schneiden, diese aufeinander legen und mit einem feuchten Tuch abdecken, bis sie schön weich sind. Inzwischen die Butter zerlassen.

4 Die Teigrechtecke auf eine Arbeitsfläche legen. Ein Rechteck mit Butter einstreichen. Auf die schmale Seite 1 Esslöffel Fleischfüllung setzen, dann die Ränder und das Ende des Teiges um die Füllung schlagen und zusammenrollen. Mit den anderen Rechtecken ebenso verfahren.

5 Die Hackfleischröllchen auf ein gefettetes Backblech setzen und mit der restlichen Butter bestreichen. Im Ofen etwa 25 Minuten goldbraun backen. Korianderblättchen von den Stängeln zupfen und die Röllchen damit garnieren. Dazu angemachten Joghurt oder einen Dip servieren.

# Türkische Pfannkuchen mit Käse

**Für 8 Portionen**

3 frische Thymianzweige
200 g Schafskäse
200 g türkischer Weichkäse
frisch gemahlener Pfeffer
Paprikapulver
4 El Butter
1 Bund gehackte glatte Petersilie
4 Yufkateigblätter (Blätterteig)

Zubereitungszeit: ca.15 Minuten (plus Bratzeit)
Pro Portion ca. 368 kcal/1544 kJ
16 g E, 30 g F, 9 g KH

1 Den Thymian waschen, trocken schütteln und die Blättchen von den Stängeln zupfen. Den Schafskäse mit einer Gabel zerdrücken. Thymian, beide Käsesorten und die Gewürze miteinander verrühren.

2 Eine große Pfanne erhitzen und die Butter darin zerlassen. Ein Viertel der Käsemasse und der Petersilie auf einem Teigblatt verteilen, die Außenseiten nach innen schlagen, sodass ein kompaktes Päckchen entsteht.

3 Das Teigpäckchen in der Pfanne braten, bis die Füllung zu schmelzen beginnt. Dann mit Hilfe von einem Teller wenden.

4 Die zweite Seite des Pfannkuchens etwa 1 Minute braten, bis der Teig braun ist. Sofort in Stücke schneiden und servieren. Die anderen Pfannkuchen ebenso braten.

# Linsenpuffer mit Joghurtsauce

**Für 4 Portionen**

75 g braune Linsen
175 g Bulgur
1 kleine Salatgurke
250 g Naturjoghurt
3–4 Knoblauchzehen
1 Tl Meersalz
1 Zwiebel
80 ml Olivenöl
3 Tl Kreuzkümmel
2 Tl gemahlener Koriander
3 El gehackte frische Minze
4 Eier
Mehl

Zubereitungszeit: ca. 40 Minuten (plus Garzeit)
Pro Portion ca. 458 kcal/1922 kJ
20 g E, 20 g F, 48 g KH

1 Die Linsen mit 300 ml Wasser 30 Minuten gar köcheln. Vom Herd nehmen, mit so viel Wasser auffüllen, dass die Linsen gerade bedeckt sind. Den Bulgur darin zugedeckt 1 1/2 Stunde quellen lassen. Die Gurke putzen, waschen, längs halbieren und die Kerne entfernen. Die Gurke grob reiben und mit dem Joghurt vermischen. Den Knoblauch schälen und 2 Zehen hinzupressen, mit Salz abschmecken.

2 Die Zwiebel schälen und in der Hälfte des Öls mit dem restlichen Knoblauch 5 Minuten dünsten. Kreuzkümmel und Koriander darunter rühren. Mit den Linsen, dem Bulgur, der Minze, den Eiern, etwas Mehl und Meersalz verkneten. Ist die Masse noch dickflüssig, noch etwas Mehl hinzufügen.

3 Das restliche Öl erhitzen und nacheinander aus der Masse kleine Puffer backen. Abtropfen lassen, mit Meersalz würzen und warm mit der kalten Joghurtsauce servieren.

# Teigtaschen mit Lamm und Ei

**Für 4 Portionen**

500 g Lammhackfleisch
2 Zwiebeln
1/2 Bund glatte Petersilie
Salz
Pfeffer
12 El Olivenöl
400 g Brikteig (Strudelteig, ersatzweise Blätterteig)
8 Eigelb, hart gekocht
2 Eiweiß

Zubereitungszeit: ca. 20 Minuten (plus Brat- und Backzeit)
Pro Portion ca. 935 kcal/3927 kJ
52 g E, 68 g F, 31 g KH

1 Das Hackfleisch in eine Schüssel geben. Die Zwiebeln schälen und fein würfeln. Die Petersilie waschen, trocken schütteln und fein hacken. Zwiebeln und Petersilie zum Hackfleisch geben. Die Masse kräftig salzen, pfeffern und verkneten.

2 Die Fleischmasse in 2 El Öl braten, bis das Fleisch nicht mehr rosa ist. Vom Herd nehmen und abkühlen lassen.

3 Den Teig ausbreiten und acht Quadrate mit etwa 15 cm Kantenlänge ausschneiden. Jeweils auf eine Ecke des Teigquadrates 1 gehäuften Esslöffel der Hackfleischmasse geben. Eine Vertiefung hineindrücken und je 1 Eigelb darauf setzen. Den Teig darüber zum Dreieck falten, die Teigkanten mit Eiweiß bestreichen und gut andrücken.

4 Das restliche Öl in einer Pfanne erhitzen und die Teigtaschen mit der Naht nach unten hineingeben. Von jeder Seite etwa 5 Minuten goldbraun backen. Abtropfen lassen und heiß servieren.

# Brik mit Thunfisch

**Für 4 Portionen**

150 g Thunfisch in Öl (aus der Dose)
2 rote Zwiebeln
1/2 Bund Koriander
4 Eier
2 El Olivenöl
Salz
schwarzer Pfeffer
4 Brikblätter (Strudelteig, ersatzweise Blätterteig)
1 Eiweiß
300 ml Sonnenblumenöl
1 Zitrone

Zubereitungszeit: ca. 45 Minuten
Pro Portion ca. 483 kcal/2027 kJ
17 g E, 44 g F, 6 g KH

1 Den Thunfisch aus der Dose nehmen und in einem Sieb abtropfen lassen. Die Zwiebeln schälen und fein reiben. Den Koriander waschen, trocken schütteln und fein hacken. Die Eier verquirlen.

2 Das Olivenöl in einer Pfanne erhitzen und Zwiebeln sowie Koriander darin bei geringer Temperatur etwa 6 Minuten dünsten. Die Pfanne vom Herd nehmen. Den Thunfisch und die verquirlten Eier dazugeben und alles zu einer glatten Paste verrühren, mit Salz und Pfeffer abschmecken.

3 Die Brikblätter auf einer Arbeitsfläche auslegen und die Thunfischpaste darauf verteilen. Mit Salz und Pfeffer würzen.

4 Die eine Teighälfte umklappen und die Teigränder fest aufeinander drücken, damit sie schließen. Die Teigränder mit dem Eiweiß bestreichen und mit einer Gabel hübsche Verzierungen eindrücken.

5 Das Sonnenblumenöl in einer großen Pfanne oder der Fritteuse erhitzen und die Teigtaschen darin goldbraun ausbacken. Auf Küchenpapier abtropfen lassen. Mit Zitronenspalten garnieren.

# Zucchinimus mit Schafskäse

**Für 4 Portionen**

500 g Zucchini

2 Knoblauchzehen

125 g Schafskäse

Saft von 1/2 Zitrone

3 El Olivenöl

1/2 Tl gemahlener Kreuzkümmel

Salz

Pfeffer

1 Prise Chilipulver

je 5 grüne und schwarze Oliven

Zubereitungszeit: ca. 30 Minuten
Pro Portion ca. 258 kcal/1082 kJ
9 g E, 22 g F, 6 g KH

1 Die Zucchini putzen, waschen und in Würfel schneiden. Die Knoblauchzehen schälen und fein hacken. Den Schafskäse zerkrümeln.

2 Zucchini in kochendem Wasser etwa 15 Minuten garen, dann abgießen und abtropfen lassen.

3 Zucchini im Mixer pürieren, Knoblauch, Schafskäse und übrige Zutaten dazugeben und gut vermischen.

4 Zucchinimus mit Oliven garniert servieren. Dazu frisches Fladenbrot reichen.

# Hummus
## Syrisches Kichererbsenmus

**Für 4 Portionen**
500 g Kichererbsen
Salz
1 Bund glatte Petersilie
1 Thymianzweig
1 Lorbeerblatt
2 Knoblauchzehen
150 g Butter
250 ml Sahne
1 El Zitronensaft
1/2 Tl schwarzer Pfeffer
1 El Olivenöl
1 Tl Kreuzkümmelpulver

Zubereitungszeit:
ca. 1 Stunde 50 Minuten
(plus Einweichzeit)
Pro Portion ca. 675 kcal/2835 kJ
12 g E, 57 g F, 31 g KH

1 Die Kichererbsen über Nacht in Wasser einweichen. Am nächsten Tag abgießen und gut waschen. In einen Topf geben und mit Wasser bedecken. 1 Tl Salz zufügen.

2 3 Stängel Petersilie, Thymianzweig und Lorbeerblatt zusammenbinden und ebenfalls in den Topf geben. Das Wasser zum Kochen bringen und die Kichererbsen etwa 1 Stunde 15 Minuten kochen, bis sie weich sind. Dann abgießen und in einem Sieb abtropfen lassen.

3 Die Knoblauchzehen schälen und fein hacken. Kichererbsen und Knoblauch im Mixer fein pürieren.

4 Die Butter in einem Topf schmelzen und mit der Sahne ablöschen. Aufkochen lassen, dann den Topf vom Herd nehmen. Das Kichererbsenmus einrühren und mit Zitronensaft, Salz und Pfeffer abschmecken.

5 Das Mus in eine Schüssel füllen und oben eine kleine Mulde hineindrücken. Die restliche Petersilie waschen, trocken schütteln und hacken. Das Olivenöl in die Mulde gießen. Das Mus mit Kreuzkümmel und Petersilie bestreuen und heiß servieren.

# Kibbeh nach klassischer Art

**Für 4 Portionen**

250 g Bulgur
2 mittelgroße Auberginen
2 Knoblauchzehen
1 rote Chilischote
1 Tl Speisestärke
1 große Zwiebel
1/2 Tl gemahlener Piment
1/2 Tl gemahlener Koriander
Salz
Sonnenblumenöl zum Braten
1 Bund Petersilie

Zubereitungszeit: ca. 20 Minuten (plus Zeit zum Einweichen und Braten)
Pro Portion ca. 578 kcal/2426 kJ
40 g E, 5 g F, 93 g KH

1 Den Bulgur in einer Schüssel knapp mit Wasser bedecken und 20 Minuten einweichen.

2 Währenddessen die Auberginen waschen, putzen und grob zerkleinern, den Knoblauch schälen und grob hacken. Die Chilischote längs halbieren, Kerne und Stielansatz entfernen.

3 Den Bulgur durch ein feines Sieb abgießen, abtropfen lassen und in eine Schüssel geben. Das Gemüse im Mixer pürieren und zum Bulgur geben.

4 Die Stärke mit wenig Wasser anrühren und zu der Mischung geben. Die Zwiebel schälen, hacken und mit den Gewürzen hinzufügen.

5 Die Masse mit den Händen gut verkneten, Bällchen formen und diese flach drücken.

6 In einer Pfanne das Öl erhitzen und die Kibbeh darin bei mittlerer Hitze goldbraun braten. Das Fett auf Küchenpapier abtropfen lassen, die Petersilie waschen und hacken und die Kibbeh noch warm mit Petersilie bestreut servieren.

# Dattel-Tomaten-Pfanne
## mit Himbeeressig

**Für 4 Portionen**
400 g Datteln
600 g Tomaten
3 El frisch geriebener Ingwer
1 Gemüsezwiebel
2 Knoblauchzehen
4 El Erdnussöl
1–1 1/2 Tl Kreuzkümmelpulver
1–1 1/2 Tl Fenchelpulver
1–1 1/2 Tl Kardamompulver
2 El Nelkenpulver
2 El brauner Rohrzucker
2 Zimtstangen
2 Lorbeerblätter
Salz
Cayennepfeffer
1 Tl Kurkumapulver
5 El Himbeeressig

Zubereitungszeit: ca. 20 Minuten
(plus Kochzeit)
Pro Portion ca. 432 kcal/1816 kJ
4 g E, 11 g F, 79 g KH

1 Datteln und Tomaten waschen, putzen und anschließend in kleine Stücke schneiden. Mit dem Ingwer mischen. Die Zwiebel und den Knoblauch schälen und beides in kleine Würfel schneiden.

2 Das Öl in einer Pfanne erhitzen und die Zwiebel mit dem Knoblauch darin andünsten. Tomaten und Datteln dazugeben.

3 Kreuzkümmel-, Fenchel- und Kardamompulver zusammen mit Nelkenpulver, Zucker, Zimt, Lorbeerblättern, Salz, Pfeffer und Kurkuma dazugeben. Alles mit dem Himbeeressig aromatisieren und bei milder Hitze ca. 25 Minuten köcheln lassen.

4 Zimtstangen und Lorbeerblätter entfernen, das Chutney auf Schälchen verteilen und warm oder kalt servieren.

# Minz-Dip mit Chili

**Für 4 Portionen**

1 Tl Kreuzkümmelpulver
1 große Zwiebel
1 Knoblauchzehe
100 g Minze
1 grüne Chili
1 El Zitronensaft
1/2 Tl Pfeffer
Salz

Zubereitungszeit: ca. 15 Minuten
Pro Portion ca. 25 kcal/105 kJ
1 g E, 1 g F, 3 g KH

1 In einer kleinen Pfanne ohne Fett den Kreuzkümmel unter Rühren etwa 3 Minuten anrösten, danach vom Herd nehmen.

2 Die Zwiebel und die Knoblauchzehe schälen und in grobe Stücke schneiden. Die Minzblätter von den Stielen zupfen und kurz waschen. Die Chili waschen und putzen. Beides grob hacken.

3 Alle Zutaten zusammen mit Zitronensaft, Pfeffer und Salz im Mixer pürieren, bis daraus eine Paste entsteht, wenn nötig, etwas Wasser zugeben.

4 Den Minz-Dip bis zum Gebrauch in den Kühlschrank stellen.

# Minz-Püree mit Früchten

**Für 4 Portionen**

200 g Minze
2 Birnen
200 g Stachelbeeren
200 g Pflaumen
4 El Zitronensaft
3 El feiner Zucker
5 grüne Chilis
3 El frisch geriebener Ingwer
2 El Koriandersamen
2 El Kreuzkümmelsamen
8 grüne Kardamomkapseln
2 Zimtstangen
Minze und Limettenspalten zum Garnieren

Zubereitungszeit: ca. 30 Minuten
Pro Portion ca. 105 kcal/441 kJ
3 g E, 1 g F, 26 g KH

1 Die Minze waschen, trocknen und die Blättchen abzupfen. Die Birnen waschen, schälen, halbieren, das Kerngehäuse entfernen und das Fruchtfleisch in Stücke schneiden.

2 Die Stachelbeeren waschen und trocknen. Die Pflaumen waschen, trocknen, halbieren, entkernen und ebenfalls in Stücke schneiden.

3 Die Minzblätter und das Obst zusammen mit dem Zitronensaft und dem Zucker in eine Schüssel geben. Die Chilis längs halbieren, entkernen, waschen und in Streifen schneiden. Zum Obst geben und alles pürieren.

4 Ingwer, Koriander, Kreuzkümmel und Kardamom in einer Pfanne ohne Fett anrösten, kurz abkühlen lassen und mahlen. Mit den Zimtstangen zum Fruchtpüree geben und alles mindestens 5 Minuten ziehen lassen.

5 Vor dem Servieren die Zimtstangen entfernen. Das Püree mit Minze und einigen Limettenspalten garniert servieren.

# Joghurt-Schmand-Dip mit Gurken

**Für 4 Portionen**

1 Salatgurke
200 g Schmand
200 g Joghurt
4 El Crème double
1/2 Bund Koriander
1/2 Bund Minze
2 grüne Chilis
1 rote Chilischote
Salz
Pfeffer
1 El Kreuzkümmelsamen
1 El Senfsamen
1 El Koriandersamen
1 El Schwarzkümmelsamen
Koriander und Minze zum Garnieren

Zubereitungszeit: ca. 25 Minuten (plus Zeit zum Ziehen)
Pro Portion ca. 236 kcal/991 kJ
5 g E, 21 g F, 7 g KH

1 Die Gurke waschen, trocknen, putzen und das Fruchtfleisch in Würfel schneiden.

2 Schmand, Joghurt und Crème double verrühren und zu den Gurkenstückchen geben. Die Kräuter waschen, trocknen, Blättchen fein hacken und ebenfalls zu der Gurkenmischung geben. Die Chilis waschen, längs halbieren, entkernen, in Streifen schneiden und zu den anderen Zutaten geben. Alles mit Salz und Pfeffer abschmecken und ca. 20 Minuten im Kühlschrank ziehen lassen.

3 Die übrigen Gewürze in einer Pfanne ohne Fett anrösten, bis die Körner anfangen zu duften und aufzuplatzen. Die Samen über den Dip geben und alles mit Koriander- und Minzeblättchen garniert servieren.

# Kachori mit Erbsenfüllung

**Für 4 Portionen**

400 g Weizenvollkornmehl
1 Tl Salz
1 Tl Kreuzkümmelsaat
1 Tl Anissaat
1 rote Chilischote
1 grüne Chilischote
3 El Erdnussöl
1 El frisch geriebener Ingwer
120 g Erbsen (TK)
Öl zum Frittieren

Zubereitungszeit: ca. 40 Minuten (plus Ruhezeit)
Pro Portion ca. 680 kcal/2856 kJ
13 g E, 35 g F, 64 g KH

1 Mehl, 350 ml Wasser und Salz zu einem glatten Teig kneten und zugedeckt ca. 20 Minuten ruhen lassen. Die Saat in einer Pfanne ohne Fett rösten, bis sie anfängt, intensiv zu duften. Anschließend abkühlen lassen und mahlen.

2 Die Chilis waschen, längs halbieren, entkernen und fein hacken. Das Öl nicht zu stark erhitzen und die Gewürze mit den Chilis darin schmoren. Den Ingwer und die aufgetauten Erbsen dazugeben und alles mit einer Gabel zerdrücken.

3 Den Teig portionsweise zu Bällchen formen. Eine Vertiefung in die Mitte drücken und das Erbsenpüree einfüllen. Den Teig darüberziehen.

4 Das Öl in einer Fritteuse erhitzen und die Bällchen darin goldbraun ausbacken. Die Kachori noch warm servieren.

# Suppen

# Rote Linsensuppe mit Rosenpaprika

**Für 4 Portionen**

200 g rote Linsen
1 Bund Suppengrün
2 kleine Zwiebeln
80 g Butter
1 l Gemüsebrühe
250 ml Milch
Salz
Pfeffer
Kreuzkümmel
etwas Zitronensaft
1 Tl gemahlener Rosenpaprika

Zubereitungszeit: ca. 20 Minuten (plus Garzeit)
Pro Portion ca. 415 kcal/1743 kJ
16 g E, 25 g F, 33 g KH

1 Die Linsen in ein feinmaschiges Sieb geben, mit Wasser überbrausen und abtropfen lassen.

2 Das Suppengrün putzen, waschen bzw. schälen und klein würfeln. Die Zwiebeln schälen und in kleine Würfel schneiden.

3 Die Hälfte der Butter in einem Topf aufschäumen lassen, Zwiebelwürfel darin glasig dünsten. Das zerkleinerte Suppengrün dazugeben und unter Rühren etwa 5 Minuten mitschmoren lassen. Die Gemüsebrühe und die Linsen hinzugeben und alles aufkochen.

4 Die Suppe bei mittlerer Hitze etwa 30 Minuten garen. Suppe anschließend pürieren, die Milch unterrühren und einmal aufkochen lassen. Mit Salz, Pfeffer, 1 Prise Kreuzkümmel und etwas Zitronensaft abschmecken.

5 Restliche Butter aufschäumen und das Paprikapulver unterrühren. 1 Minute erhitzen und anschließend unter die Suppe rühren.

# Schrotsuppe mit Kurkuma

**Für 4 Portionen**

300 g Lammschulter ohne Knochen
1 Zwiebel
1 Bund frischer Koriander
100 ml Olivenöl
1 Tl Salz
1/2 Tl schwarzer Pfeffer
1 Tl Kurkuma
1 Tl getrocknete Minze
150 g geschroteter Weizen
1 Tl Tomatenmark
1 unbehandelte Zitrone

Zubereitungszeit:
ca. 1 Stunde 10 Minuten
Pro Portion ca. 383 kcal/1607 kJ
27 g E, 16 g F, 30 g KH

1 Das Fleisch in schmale Streifen schneiden. Die Zwiebel schälen und fein hacken. Koriander waschen, trocken schütteln und hacken.

2 Das Öl in einer Pfanne erhitzen und die Fleischstreifen darin anbraten. Die Zwiebel dazugeben und mitbraten, bis sie Farbe angenommen hat. Die Hälfte des Korianders und 1,5 l Wasser zugeben und alles verrühren.

3 Gewürze, getrocknete Minze und Weizenschrot in die Suppe geben. Tomatenmark mit etwas Wasser verrühren und ebenfalls untermischen. Die Suppe abgedeckt bei geringer Temperatur etwa 45 Minuten garen.

4 Zitrone heiß abwaschen und achteln. Die Suppe abschmecken, mit restlichem Koriander bestreuen und mit Zitronenspalten garniert servieren.

# Bohnensuppe mit Grünkohl

**Für 6 Portionen**

1 kg Grünkohl

250 g getrocknete Bohnen

500 g getrocknete Maiskörner

Salz

3/4 l Gemüsebrühe

1 Zwiebel

2 El Butter

1 El Tomatenmark

1 Tl edelsüßes Paprikapulver

Zubereitungszeit: ca. 20 Minuten (plus Garzeit)
Pro Portion ca. 743 kcal/3119 kJ
32 g E, 15 g F, 118 g KH

1 Den Grünkohl putzen, waschen und die dicken Rippen herausschneiden. Den Kohl in Streifen schneiden.

2 Die Bohnen mit dem Mais in etwa 3/4 l Salzwasser etwa 20 Minuten kochen. Dann den Grünkohl sowie die Gemüsebrühe zufügen und alles weitere 40 Minuten bei geringer Hitze köcheln lassen.

3 Die Zwiebel schälen und würfeln. Butter in einer Pfanne erhitzen und die Zwiebeln darin glasig dünsten. Das Tomatenmark einrühren und kurz mitschmoren. Dann mit Paprikapulver würzen.

4 Den Pfanneninhalt in die Suppe geben, gut unterrühren und alles weitere 10 Minuten köcheln lassen. Die Suppe mit Salz abschmecken und servieren.

# Harira
## mit Kichererbsen

**Für 4 Portionen**

50 g getrocknete Kichererbsen
1 Zwiebel
1/2 Bund Petersilie
1 Bund Koriandergrün
250 g Geflügelklein oder Lammfleisch
5 El Öl
1/2 Tl gemahlener Ingwer oder 1/2 Tl Kurkuma
1 Zimtstange
1 Prise Safran
Pfeffer
Salz
1 l Fleischbrühe
50 g braune Linsen
2 El Mehl
1/2 El Tomatenmark
50 g Reis

Zubereitungszeit:
ca. 1 Stunde 45 Minuten
(plus Einweichzeit)
Pro Portion ca. 355 kcal/1491 kJ
46 g E, 6 g F, 28 g KH

1 Die Kichererbsen am Vortag in einer Schüssel knapp mit Wasser bedecken, über Nacht einweichen und dann abtropfen lassen.

2 Die Zwiebel schälen, Petersilie und Koriandergrün waschen und alles klein hacken. Das Fleisch in Würfel schneiden.

3 In einer Kasserolle das Öl erhitzen und Zwiebel und Fleisch darin anbraten. Die Gewürze und die Fleischbrühe zugeben. Die Petersilie, 2/3 des Korianders und die Kichererbsen zufügen und eine Stunde garen. Die Linsen kurz blanchieren, dann ebenfalls zufügen.

4 Zum Binden der Suppe das Mehl in wenig kaltem Wasser auflösen, das Tomatenmark und den restlichen Koriander zugeben. Den Reis unter ständigem Rühren zufügen, bis der Schaum, der sich auf der Oberfläche gebildet hat, verschwunden ist.

5 Zum Schluss alle Zutaten mischen, die Harira auf Tellern verteilen und servieren.

# Türkische Almsuppe mit Joghurt

**Für 4 Portionen**

250 g Reis
Salz
60 g Mehl
350 g Naturjoghurt
2 Eier
1,5 l Fleischbrühe
2 El frische Minze
10 g Butter
1 Tl Paprikapulver
4 El Olivenöl

Zubereitungszeit: ca. 25 Minuten
Pro Portion ca. 623 kcal/2615 kJ
33 g E, 25 g F, 66 g KH

1 Den Reis waschen, in 2 l Salzwasser zum Kochen bringen und ca. 10–15 Minuten köcheln lassen.

2 Das Mehl mit dem Joghurt und den Eiern in eine Schüssel geben und glatt rühren. Die Fleischbrühe erwärmen und mit der Joghurt-Mischung verrühren.

3 Den Reis vom Herd nehmen, überschüssiges Wasser abgießen und den Reis kurz abkühlen lassen. Reis mit der Joghurt-Ei-Brühe vermischen und alles noch einmal kurz aufkochen lassen. Mit Salz abschmecken.

4 Die Minze waschen und trocken schütteln. Anschließend in Streifen schneiden. Die Butter in einer Pfanne erhitzen und die Minzestreifen darin kurz schwenken.

5 Das Paprikapulver mit dem Olivenöl verrühren. Die Suppe mit Paprikaöl beträufeln, mit Minze bestreuen und servieren.

# Grüne Joghurtsuppe mit Blattspinat

**Für 4 Portionen**

2 Bund Frühlingszwiebeln

5 El Butterschmalz

1 kg Blattspinat

je 1 Bund Petersilie, Minze, Koriandergrün und frischer Bockshornklee

150 g gehackte Walnüsse

1 l Gemüsefond

Salz

Pfeffer

800 g Naturjoghurt

1–2 Tl frisch geriebene Muskatnuss

Zubereitungszeit: ca. 15 Minuten (plus Garzeit)
Pro Portion ca. 195 kcal/817 kJ
12 g E, 2 g F, 32 g KH

1 Die Frühlingszwiebeln putzen, waschen, trocknen, in Ringe schneiden und im erhitzten Butterschmalz glasig anschwitzen.

2 Den Spinat und die Kräuter waschen und grob hacken. Mit den gehackten Nüssen zu den Zwiebeln geben und etwa 4 Minuten schmoren.

3 Den Gemüsefond angießen und die Suppe mit Salz und Pfeffer abschmecken. Bei milder Hitze etwa 10 Minuten garen.

4 Die Suppe vom Herd nehmen und den Joghurt einrühren, auf Teller verteilen und mit Muskatnuss bestreuen.

# Bohneneintopf mit Kreuzkümmel

**Für 4 Portionen**

400 g getrocknete Dicke Bohnen

1 l Rinderfond

1 Tl gemahlener Kreuzkümmel

Salz

schwarzer Pfeffer

2 El Tomatenmark

50 ml Olivenöl

1 El Zitronensaft

1/2 Bund gehackte frische glatte Petersilie

Zubereitungszeit: ca. 2 Stunden (plus Einweichzeit)
Pro Portion ca. 260 kcal/1092 kJ
11 g E, 20 g F, 10 g KH

1 Die Dicken Bohnen in reichlich Wasser einweichen und mindestens 2 Tage stehen lassen. Das Wasser zwischendurch mehrmals wechseln.

2 Bohnen abgießen und die Häute entfernen. Dafür die Bohnen zwischen die Handinnenflächen nehmen, diese aneinander reiben und so die Häute abstreifen. Wenn dies nicht geht, Häute mit einem Messer einritzen.

3 Bohnen mit dem Rinderfond zum Kochen bringen und bei geringer Temperatur abgedeckt etwa 1 Stunde 30 Minuten köcheln, bis sie gar sind. Anschließend pürieren.

4 Bohnenpüree in den Topf zurückgeben, mit Kreuzkümmel, Salz, Pfeffer und Tomatenmark würzen und mit Olivenöl und Zitronensaft abschmecken.

5 Die Suppe unter Rühren aufkochen lassen. Dann auf Teller verteilen und mit Petersilie bestreut servieren. Dazu Zitronensaft und Fladenbrot reichen.

# Kalte Möhrensuppe mit Honig

**Für 4 Portionen**

600 g Möhren
4 El Öl
2 Knoblauchzehen
2 El Weinessig
Salz
Pfeffer
2 Tl edelsüßes Paprikapulver
1 Msp. gemahlener Kreuzkümmel
1 Msp. gemahlener Koriander
1–2 Tl Honig
2 El gehackter Koriander

Zubereitungszeit: ca. 20 Minuten (plus Garzeit)
Pro Portion ca. 270 kcal/1134 kJ
5 g E, 21 g F, 15 g KH

1 Die Möhren putzen, schälen und würfeln. Das Öl erhitzen und die gewürfelten Möhren darin andünsten, sie sollen aber nicht braun werden.

2 500 ml Wasser hinzugießen und die Möhren im geschlossenen Topf bei geringer Hitze 5–7 Minuten weich dünsten.

3 Den Knoblauch schälen und zu den Möhren pressen. Essig mit Salz, Pfeffer, Paprikapulver, Kreuzkümmel und etwas Koriander unterrühren.

4 Suppe mit dem Honig verrühren und abschmecken. Suppe mit Koriander bestreuen, gut durchziehen lassen und kalt servieren.

# Sommersuppe mit Hähnchenbrustfilet

**Für 4 Portionen**

750 g gemischtes Blattgemüse, z. B. Mangold, Spinat und Senfkohl

Salz

1 l Hühnerbrühe

1 Hähnchenbrustfilet

1 Zwiebel

1 Knoblauchzehe

1 Möhre

2 Stangen Staudensellerie

Butterschmalz zum Braten

frisch gemahlener Pfeffer

3 El Zitronensaft

abgeriebene Schale von 1 unbehandelten Zitrone

1/2 Bund glatte Petersilie

Fladenbrot

Zubereitungszeit: ca. 25 Minuten (plus Garzeit)
Pro Portion ca. 510 kcal/2142 kJ
65 g E, 11 g F, 35 g KH

1 Das Blattgemüse putzen, waschen und in kochendem Salzwasser blanchieren. In ein Sieb abgießen, in Eiswasser abschrecken und gut abtropfen lassen.

2 Brühe aufkochen. Die Hähnchenbrust in der Brühe bei geringer Hitze etwa 8 Minuten gar ziehen lassen. Herausnehmen und abkühlen lassen.

3 Die Zwiebel und den Knoblauch schälen und fein hacken. Die Möhre putzen und schälen, die Selleriestangen putzen und waschen. Möhre und Stangensellerie in feine Streifen schneiden. In einem Topf etwas Butterschmalz erhitzen.

4 Zwiebel, Knoblauch und Gemüsestreifen darin andünsten, bis die Zwiebelwürfel glasig sind. Die Brühe angießen und erhitzen, aber nicht kochen lassen, 20 Minuten ziehen lassen.

5 Die Hähnchenbrust in feine Streifen schneiden. Mit dem blanchierten Blattgemüse unter die Brühe rühren. Mit Salz, Pfeffer, Zitronensaft und -schale abschmecken. Die Petersilie waschen, trocken schütteln und klein hacken. Suppe damit bestreuen und nicht zu heiß servieren.

# Gemüse

# Grünes Linsengemüse mit Joghurt

**Für 4 Portionen**

6 El Sonnenblumenöl
8 Nelken
8 grüne Kardamomkapseln
2 Zimtstangen (ca. 2 cm)
je 3 rote Zwiebeln und Knoblauchzehen
2 rote Chilischoten
1 grüne Chilischote
2 El frisch geriebener Ingwer
1 Tl Kreuzkümmel
350 g Puy-Linsen
600 ml Gemüsebrühe
je 5 El Zitronensaft und Natur-Joghurt
1 El Crème double
1/2 Bund Koriander
schwarzer Pfeffer

Zubereitungszeit: ca. 30 Minuten (plus Garzeit)
Pro Portion: ca. 375 kcal/1575 kJ
21 g E, 8 g F, 49 g KH

1 Das Öl erhitzen und Nelken, Kardamom und Zimt darin anrösten. Die Zwiebeln schälen und in Würfel schneiden. Die Knoblauchzehen schälen und durchpressen. Die Chilischoten waschen, längs halbieren, entkernen und in Streifen schneiden. Alles zu den Gewürzen geben und Ingwer und Kreuzkümmel untermischen.

2 Die Linsen waschen und mit dem Fond dazugeben. Alles bei milder Hitze ca. 18 Minuten köcheln lassen.

3 Zitronensaft, Joghurt und Crème double verrühren. Koriander waschen, trocknen, einige Blättchen beiseite legen, den Rest fein hacken und mit der Joghurt-Mischung unterrühren. Mit Korianderblättchen garniert servieren und mit schwarzem Pfeffer abschmecken.

# Ratatouille mit Datteln

**Für 4 Portionen**

1 Zwiebel
1 rote Paprikaschote
4 Tomaten
4 El kaltgepresstes Öl
1 Zweig Rosmarin
4 Knoblauchzehen
1 Aubergine
2 kleine Zucchini
100 g Datteln
2 Tl edelsüßes Paprikapulver
Salz
frisch gemahlener schwarzer Pfeffer
40 g geröstete Mandelblättchen

Zubereitungszeit: ca. 30 Minuten (plus Brat- und Backzeit)
Pro Portion ca. 365 kcal/1533 kJ
7 g E, 25 g F, 29 g KH

1 Den Backofen auf 190 °C (Umluft 170 °C) vorheizen. Zwiebel schälen und klein hacken. Paprikaschote putzen, waschen und halbieren, den Stielansatz und die Kerne entfernen, anschließend in kleine Würfel schneiden. Die Tomaten kreuzweise einritzen, mit kochendem Wasser überbrühen, häuten und das Fruchtfleisch klein würfeln.

2 In einem Topf die Hälfte des Öls erhitzen. Zwiebeln und Paprika darin andünsten und 3 Minuten weich schmoren lassen. Den Rosmarin waschen und trocken schütteln, den Knoblauch schälen.

3 Tomaten und Rosmarin hinzugeben, Knoblauch dazupressen. Einmal umrühren und beiseitestellen. Die Aubergine und die Zucchini putzen, waschen und den Stielansatz entfernen, anschließend das Fruchtfleisch klein würfeln.

4 In einem zweiten Topf das restliche Öl erhitzen und Auberginen- und Zucchiniwürfel darin 3–4 Minuten goldbraun braten. Herausnehmen und auf Küchenpapier abtropfen lassen.

5 Datteln entsteinen, klein hacken und mit Auberginen- und Zucchiniwürfeln und Paprikapulver unter das beiseitegestellte Gemüse heben. Alles in eine Auflaufform geben. Zudecken und im Backofen etwa 30 Minuten garen. Rosmarinzweig entfernen, alles salzen und pfeffern und mit gerösteten Mandelblättchen garnieren.

# Dattelsalat mit Zwiebeln und Chili

**Für 4 Portionen**
500 g frische Datteln
2 Zwiebeln
Salz
2 getrocknete Chilischoten
150 ml Aceto Balsamico
2 Tl Zucker
Alfalfasprossen
zum Servieren

Zubereitungszeit: ca. 20 Minuten (plus Zeit zum Ziehen)
Pro Portion ca. 375 kcal/1575 kJ
3 g E, 1 g F, 86 g KH

1 Die Datteln putzen, vierteln und entkernen. Die Zwiebeln schälen und in dünne Ringe schneiden. In einem Topf Wasser zum Kochen bringen, salzen und die Zwiebeln darin 1 Minute aufkochen.

2 Anschließend abgießen, abschrecken und auf Küchenpapier gut abtropfen lassen.

3 Die Dattelviertel und die Zwiebelringe in eine Salatschüssel schichten, die fein zerriebenen Chilischoten dazwischen streuen.

4 Den Essig nur leicht erwärmen, den Zucker darin auflösen und alles über den Salat gießen.

5 Datteln vor dem Servieren gut durchziehen lassen und auf einem Salatbett aus Alfalfasprossen servieren.

# Gemüsespieße mit Schafskäse

**Für 4 Portionen**

2 Zweige Thymian
2 Zweige Rosmarin
1 Bund Basilikum
375 ml Olivenöl
3–4 Knoblauchzehen
2 Zwiebeln
Salz
Pfeffer
500 g Schafskäse
2 kleine Zucchini
1 kleine Aubergine
1 grüne Paprikaschote
20 Cocktailtomaten
250 g Joghurt

Zubereitungszeit: ca. 20 Minuten (plus Marinier- und Grillzeit)
Pro Portion ca. 525 kcal/2205 kJ
27 g E, 42 g F, 11 g KH

1 Holzspieße in kaltes Wasser legen. Kräuter waschen, trocken schütteln und die Blättchen von den Stielen zupfen. Thymian und Rosmarin klein hacken und mit 250 ml Olivenöl vermischen. Knoblauch und Zwiebeln schälen. 1 Knoblauchzehe dazupressen und mit Salz und Pfeffer würzen.

2 Schafskäse in mundgerechte Würfel schneiden. Zucchini, Aubergine und Paprika putzen und waschen. Zucchini und Aubergine ebenfalls in Würfel schneiden. Paprika halbieren, Stielansatz und Kerne entfernen und die Hälften in Stücke schneiden. Zwiebeln vierteln. Schafskäse mit dem Gemüse im Wechsel mit den gewaschenen Cocktailtomaten auf die Holzspieße stecken. 20 Minuten in der Ölmarinade ziehen lassen.

3 Für den Dip Basilikum mit restlichem Olivenöl fein pürieren. Joghurt unterrühren, mit Salz und Pfeffer würzen.

4 Die Spieße auf dem Grill von beiden Seiten etwa 1–2 Minuten grillen. Noch warm mit dem Dip servieren.

# Frittierte Auberginen
## mit Joghurt-Dip

**Für 4 Portionen**

3–4 Auberginen (ca. 450 g)
3–4 große Zucchini (ca. 450 g)
200 g Mehl
150 ml Mineralwasser
Salz
250 ml Olivenöl zum Frittieren
500 g Joghurt
3 Knoblauchzehen
Pfeffer

Zubereitungszeit: ca. 20 Minuten (plus Frittierzeit)
Pro Portion ca. 935 kcal/3927 kJ
14 g E, 76 g F, 50 g KH

1 Auberginen putzen, waschen, trocknen und längs in 0,5 cm dicke Scheiben schneiden. Zucchini ebenfalls längs in Scheiben schneiden.

2 150 g Mehl in eine Schüssel geben und das Mineralwasser nach und nach unterrühren, bis ein flüssiger Teig entsteht. Mit einer guten Prise Salz würzen.

3 Restliches Mehl auf einen Teller geben und die Gemüsescheiben darin wälzen. Das Öl in einer Pfanne erhitzen. Die Gemüsescheiben in den Teig tauchen und portionsweise im heißen Öl knusprig frittieren. Auf Küchenpapier abtropfen lassen.

4 Den Joghurt in eine Schüssel geben. Die Knoblauchzehen schälen, fein hacken und unter den Joghurt rühren. Den Joghurt mit Salz und Pfeffer abschmecken.

5 Das gebackene Gemüse mit dem Joghurt-Dip servieren.

# Auberginen in Sirup

**Für 4 Portionen**

1 kg kleine Auberginen
Saft von 2 Zitronen
2 Zimtstangen
350 g Zucker
350 g flüssiger Honig
5 Nelken

Zubereitungszeit: ca. 20 Minuten (plus Zeit zum Marinieren und Einlegen)
Pro Portion ca. 680 kcal/2856 kJ
4 g E, 1 g F, 162 g KH

1 Die Auberginen putzen, waschen und über Nacht in Wasser mit dem Saft von 1 Zitrone einlegen, damit die Bitterstoffe entfernt werden. Anschließend mit dem Zitronenwasser in einen Topf geben, aufkochen und etwa 15 Minuten köcheln, bis die Auberginen weich sind. Aus dem Topf nehmen und abkühlen lassen.

2 Zimtstangen mit 1/2 Liter Wasser in einem Topf aufkochen, dann bei reduzierter Temperatur etwa 30 Minuten köcheln. Zucker unter Rühren zufügen und so lange weiterrühren, bis er sich aufgelöst hat.

3 Auberginen in die Zuckerlösung geben und etwa 10 Minuten köcheln. Anschließend den Honig zugeben, den Topf vom Herd nehmen und abgedeckt über Nacht ziehen lassen.

4 Am nächsten Tag Auberginen im Sirup langsam erwärmen, restlichen Zitronensaft und die Nelken zufügen und alles kochen, bis der Sirup eindickt.

5 2 Einmachgläser heiß ausspülen und die Auberginen mit dem Sirup einfüllen. Gläser gut verschließen und die Auberginen vor dem Verzehr etwa 3 Wochen ruhen lassen.

# Auberginenrouladen mit Tomatensauce

**Für 4 Portionen**

3 mittelgroße Auberginen
Salz
160 ml Sonnenblumenöl
2 mittelgroße Zwiebeln
3 mittelgroße Tomaten
5 Knoblauchzehen
1/2 Bund Basilikum
Pfeffer
1 Tl Zucker
50 g frisch geriebener Gouda

Zubereitungszeit: ca. 45 Minuten (plus Backzeit)
Pro Portion ca. 453 kcal/1901 kJ
6 g E, 44 g F, 9 g KH

1 Die Auberginen waschen, trocknen und längs in dünne Scheiben schneiden. 30 Minuten in Salzwasser legen, dann gut abtrocknen. In 120 ml heißem Öl von beiden Seiten braten, auf Küchenpapier abtropfen lassen.

2 Die Zwiebeln schälen und würfeln. Die Tomaten waschen, Stielansätze entfernen und das Fruchtfleisch von 2 Tomaten in Würfel schneiden. 3 Knoblauchzehen schälen und fein hacken. 2 El Öl in einer Pfanne erhitzen und Zwiebeln und Knoblauch darin andünsten.

3 Tomaten dazugeben und so lange mitkochen, bis die Flüssigkeit verkocht ist. Basilikum waschen, trocknen und hacken. Mit Salz und Pfeffer unter das Gemüse rühren. Die Gemüsemischung auf die Auberginenscheiben verteilen und diese zusammenrollen.

4 Den Backofen auf 180 °C (Umluft 160 °C) vorheizen. Für die Sauce 2 El Öl erhitzen, restliche Tomate klein schneiden und die restlichen Knoblauchzehen zerdrücken. Beides im Öl etwa 3 Minuten dünsten. Mit Salz, Pfeffer und Zucker abschmecken.

5 Die Auberginenrouladen in eine Auflaufform legen und die Tomatensauce dazu geben. Den Käse darüber streuen. Die Rouladen im Ofen goldbraun überbacken, dann sofort servieren

# Mariniertes Gemüse mit Kräutern

**Für 4 Portionen**

je 1 rote, gelbe und grüne Paprikaschote
Öl zum Braten
1 kleine Zucchini
1 kleine Aubergine
grobes Meersalz
3 Tl Puderzucker
3 El Weinessig
frisch gemahlener Pfeffer
1 Zwiebel in Ringen
1 El gehackter Rosmarin
1 El gehackter Thymian
125 ml Gemüsebrühe
200 ml kalt gepresstes Olivenöl

Zubereitungszeit: ca. 20 Minuten (plus Brat- und Marinierzeit)
Pro Portion ca. 201 kcal/844 kJ
3 g E, 16 g F, 11 g KH

1 Den Backofen auf 200 °C (Umluft 180 °C) vorheizen. Paprika putzen, halbieren, entkernen, Stielansatz entfernen und die Hälften auf der Hautseite mit etwas Öl bestreichen. Im Backofen 20-30 Minuten backen, bis sie weich sind. Herausnehmen, in einen Gefrierbeutel legen und abkühlen lassen. Anschließend häuten und in Stücke schneiden.

2 Zucchini und Aubergine putzen und in Scheiben schneiden. Auberginenscheiben mit Salz bestreuen und 10 Minuten ziehen lassen. Anschließend abtropfen lassen.

3 Zucchini in etwas Öl braun braten. Mit 1 Tl Puderzucker bestäuben und karamellisieren. 1 El Essig zugeben und mit Salz und Pfeffer würzen. Anschließend herausnehmen. Auberginen und Zwiebel ebenso getrennt braten, karamellisieren und würzen.

4 Rosmarin und Thymian in die Pfanne geben. Brühe angießen, aufkochen und mit Olivenöl verrühren. Jedes Gemüse separat in etwas Marinade mindestens 60 Minuten ziehen lassen.

# Spinatsalat mit Joghurt

**Für 4 Portionen**

1 kg Blattspinat
4 Knoblauchzehen
6 El Olivenöl
Salz
schwarzer Pfeffer
200 g Vollmilchjoghurt
Saft von 1/2 Zitrone

Zubereitungszeit: ca. 25 Minuten
Pro Portion ca. 243 kcal/1020 kJ
8 g E, 21 g F, 5 g KH

1 Den Spinat verlesen, putzen, waschen und abtropfen lassen. Den Knoblauch schälen und zerdrücken.

2 3 El Öl in einem großen Topf erhitzen und den Knoblauch darin andünsten. Den Spinat dazugeben und bei geringer Hitze zusammenfallen lassen. Spinat noch etwa 4 Minuten dünsten, dann mit Salz und Pfeffer würzen.

3 Den Joghurt mit Zitronensaft und dem restlichen Olivenöl verrühren. Spinat in eine Schüssel geben und mit dem Joghurt mischen. Dazu Fladenbrot reichen.

# Gurkensalat mit Joghurtsauce

**Für 4 Portionen**
2 große Salatgurken
Salz
500 g Joghurt
1–2 Knoblauchzehen
1 El Olivenöl
1 El Essig
1 Tl Minze
1 Bund gehackter frischer Dill

Zubereitungszeit: ca. 20 Minuten
Pro Portion ca. 184 kcal/736 kJ
5 g E, 15 g F, 7 g KH

1 Die Gurken schälen und in kleine Würfel schneiden. Die Gurkenwürfel in ein Sieb geben und mit Salz bestreuen, sodass die entstehende Flüssigkeit abtropfen kann.

2 Den Joghurt mit so viel Wasser verrühren, dass er weder zu dick noch zu flüssig ist, sondern schön cremig.

3 Die Knoblauchzehen schälen und mit etwas Salz zerdrücken.

4 Die abgetropften Gurken in einer Schüssel mit den restlichen Zutaten mischen. Mit Minze garniert servieren.

# Gefüllte Auberginen
## aus dem Ofen

**Für 6 Portionen**

1 kg Auberginen (ca. 6 Stück)
Salz
200 ml Öl
400 g Zwiebeln
3 Knoblauchzehen
150 g Spitzpaprika
400 g Tomaten
1 Bund gehackte frische Petersilie
1 El Zucker
frisch gemahlener Pfeffer

Zubereitungszeit: ca. 40 Minuten (plus Backzeit)
Pro Portion ca. 545 kcal/2289 kJ
6 g E, 51 g F, 16 g KH

1 Die Auberginen putzen, waschen, trocknen und streifig schälen. Mit einem Messer längs einritzen und mit der Messerspitze mehrmals einstechen. Auberginen in eine Schüssel legen, mit Salz bestreuen, mit Wasser beträufeln und 15 Minuten ziehen lassen.

2 Auberginen abwaschen und die Flüssigkeit herausdrücken. 150 ml Öl in einer Pfanne erhitzen und die Auberginen darin von allen Seiten etwa 5–7 Minuten braten. Herausnehmen und mit einem Löffel eine Mulde in die Auberginen drücken.

3 Zwiebeln und Knoblauchzehen schälen und hacken. Spitzpaprika putzen, waschen und klein schneiden. Die Tomaten waschen, vom Stielansatz befreien und das Fruchtfleisch der Hälfte der Tomaten in Stücke schneiden. Die andere Hälfte der Tomaten in Achtel schneiden

4 Backofen auf 160 °C (Umluft 140° C) vorheizen. Zwiebeln und Knoblauch im erhitzten Öl dünsten. Tomatenwürfel, Paprika, Petersilie, Zucker, Pfeffer und Salz dazugeben, mitschmoren. Etwa 200 ml Wasser zugeben und die Mischung weitere 10 Minuten köcheln. Abgießen, Flüssigkeit auffangen.

5 Die Auberginen mit dem Gemüse füllen und mit den Tomatenachteln bedecken. In eine Auflaufform legen. Kochflüssigkeit und ca. 200 ml Wasser in die Form füllen und alles mit Folie abdecken. Im Ofen etwa 30 Minuten garen. Auberginen abkühlen lassen. Garsud mit Salz und Pfeffer abschmecken und Auberginen damit beträufeln.

# Gefüllte Paprikaschoten mit Hackfleisch

**Für 4 Portionen**

150 g Reis
2 Zwiebeln
5 Tomaten
50 g Butter
1/2 Bund glatte Petersilie
1/2 Bund Dill
12 kleine grüne Paprikaschoten
400 g Rinderhackfleisch
Salz
Pfeffer
1 Prise Piment
1 Tl getrocknete Minze
1 El Tomatenmark
350 g Vollmilchjoghurt

Zubereitungszeit: ca. 40 Minuten (plus Garzeit)
Pro Portion ca. 558 kcal/2342 kJ
29 g E, 29 g F, 44 g KH

1 Reis waschen, abtropfen lassen und in heißem Wasser etwa 13 Minuten vorgaren. Die Zwiebeln schälen und fein hacken. 1 Tomate kreuzweise einritzen, überbrühen, häuten, den Stielansatz entfernen und würfeln.

2 20 g Butter in einer Pfanne erhitzen, die Zwiebeln darin andünsten. Den Reis abgießen, die Kräuter waschen, trocken schütteln und fein hacken. Von den Paprikaschoten jeweils einen Deckel abschneiden, Stiele und Kerne vorsichtig entfernen und die ausgehöhlten Schoten waschen.

3 Tomatenwürfel, Zwiebeln, Kräuter, Hackfleisch und Reis mit Salz, Pfeffer und Piment und der Minze in einer Schüssel gut miteinander mischen und in die Paprikaschoten füllen. Die restlichen Tomaten waschen, von den Stielansätzen befreien und in Scheiben schneiden. Die Tomatenscheiben auf die Paprikaschoten legen.

4 Backofen auf 200 °C (Umluft 180 °C) vorheizen. Gefüllte Paprika in eine große Form setzen. 1 Prise Salz und Tomatenmark mit 3/8 l heißem Wasser verrühren und über die Paprika geben. Restliche Butter in Flöckchen auf den Schoten verteilen. Die Paprikaschoten abgedeckt etwa 40 Minuten im Ofen garen. Mit Joghurt servieren.

# Artischocken in Olivenöl

**Für 4 Portionen**

12 kleine oder 6 große frische Artischocken

6 Frühlingszwiebeln

125 ml Olivenöl

Saft von 1/2 Zitrone

Salz

1 Bund gehackter frischer Dill

Zitronenachtel zum Garnieren

Zubereitungszeit: ca. 15 Minuten (plus Kochzeit)
Pro Portion ca. 353 kcal/1477 kJ
6 g E, 32 g F, 11 g KH

1 Die Artischocken putzen und waschen, die Frühlingszwiebeln putzen, waschen und in große Stücke schneiden.

2 Artischocken und Zwiebeln mit 60 ml Öl, Zitronensaft und 60 ml Wasser in einen Topf geben und zugedeckt etwa 40 Minuten köcheln.

3 Nach Ablauf der Kochzeit die Artischocken abtropfen lassen und die äußeren Blätter und das Heu im Innern entfernen. Den Stiel kürzen und von holzigen faserigen Teilen befreien, sodass nur die Artischockenherzen und ein Teil des Stiels übrigbleiben.

4 Artischocken zurück in den Topf mit der Kochflüssigkeit geben, salzen und mit etwas Dill verfeinern, das restliche Öl dazugießen. Die Artischocken weitere 15–20 Minuten köcheln, bis sie gar sind. Herausheben und abkühlen lassen.

5 Artischockenherzen mit Stiel, Frühlingszwiebeln und Zitronenachteln zum Beträufeln servieren. Mit restlichem Dill garnieren.

# Möhren-Sellerie-Salat
## mit Orangendressing

**Für 4 Portionen**

700 g kleine Möhren mit Grün
1 rote Chilischote
2 Orangen
3 El Olivenöl
2 El Aceto Balsamico
1 Selleriestaude
1/2 Bund Minze
2 El Mandelblättchen
40 g Korinthen
Salz
Saft von 1/2 Zitrone

Zubereitungszeit: ca. 20 Minuten (plus Garzeit)
Pro Portion ca. 203 kcal/851 kJ
4 g E, 11 g F, 20 g KH

1 Die Möhren mit dem Grün gründlich waschen, schälen und das Grün bis auf 2–3 cm abschneiden. Die Chili putzen, waschen und halbieren, Stielansatz und Kerne entfernen und Schote sehr klein würfeln. Die Orangen heiß abwaschen, Schale von 1/2 Orange abreiben und Orangen auspressen.

2 Das Olivenöl erhitzen und die Möhren mit dem Chili darin andünsten. Orangensaft und -schale mit dem Aceto Balsamico zugießen und aufkochen lassen. Möhren zugedeckt bei geringster Hitze etwa 8–10 Minuten garen.

3 Den Sellerie putzen, waschen und in feine Stücke schneiden. Minze waschen und trocken schütteln, anschließend grob hacken. Mit Mandelblättchen, Korinthen und Sellerie mischen. Zu den Möhren geben und unterheben. Alles mit Salz abschmecken. Möhren anrichten, mit etwas Zitronensaft beträufeln und servieren.

# Filopastete mit Spinat

**Für 4 Portionen**
2 Zwiebeln
2 Knoblauchzehen
3 Frühlingszwiebeln
750 g frischer Spinat
50 ml Olivenöl
1/2 Bund Petersilie
1/2 Bund Koriander
1 Tl Salz
schwarzer Pfeffer
3 El Milch
200 g Schafskäse
4 Eier
200 g Butter
500 g eingeweichte Filoteigblätter
einige Blättchen Petersilie

Zubereitungszeit:
ca. 1 Stunde 50 Minuten
Pro Portion ca. 775 kcal/3255 kJ
16 g E, 73 g F, 15 g KH

1 Die Zwiebeln und den Knoblauch schälen und fein hacken. Die Frühlingszwiebeln putzen, waschen und in Ringe schneiden. Den Spinat verlesen, putzen, waschen und fein hacken.

2 Das Olivenöl in einem Topf erhitzen und Zwiebeln, Knoblauch und Frühlingszwiebeln darin glasig dünsten. Den Spinat zugeben und bei geschlossenem Deckel etwa 5 Minuten mitdünsten.

3 Inzwischen die Kräuter waschen, trocken schütteln, hacken und zum Spinat geben. Salz und Pfeffer einrühren und die Masse etwa 10 Minuten unter ständigem Rühren schmoren, bis alle Flüssigkeit verkocht ist.

4 In eine Schüssel geben, abkühlen lassen und mit Milch, Käse und Eiern vermengen. Den Backofen auf 150 °C (Umluft 130 °C) vorheizen. Die Butter schmelzen und eine Auflaufform mit etwas Butter einstreichen.

5 Anschließend insgesamt 8 Teiglagen in die Form legen und jede Teiglage mit Butter einstreichen, bevor die nächste aufgelegt wird. Spinatmasse auf dem Teig verteilen, dann wieder 8 Teiglagen mit Butter bestrichen darüberlegen. Restliche Butter auf der Pastete verstreichen und etwa 1 Stunde backen. Mit Petersilie garniert servieren.

# Möhren-Orangensalat mit Zimtdressing

**Für 4 Portionen**

2 Orangen
500 g Möhren
2 El Zucker
1/2 Tl Zimt
1/2 Tl Orangenblütenwasser
Salz
Minzblätter zum Garnieren

Zubereitungszeit: ca. 20 Minuten (plus Zeit zum Ziehen)
Pro Portion ca. 171 kcal/717 kJ
2 g E, 12 g F, 11 g KH

1 Eine Orange schälen und würfeln, die andere Orange auspressen. Die Möhren waschen, schälen und reiben.

2 Die Orangenwürfel und den -saft, die geriebenen Möhren mit Zucker, Zimt und Orangenblütenwasser vermengen. Den Salat mit Salz abschmecken, kalt stellen und gut durchziehen lassen.

3 Den Salat auf Tellern anrichten und mit Minzblättern garniert servieren.

# Salzzitronen nach marokkanischer Art

**Für 2 Gläser à 500 g**

2 kg unbehandelte Zitronen
1 kg grobkörniges Salz
100 ml Pflanzenöl

Zubereitungszeit: ca. 25 Minuten (plus Ruhezeit)
Pro Portion ca. 780 kcal/3276 kJ
7 g E, 31 g F, 81 g KH

1 Zitronen heiß abwaschen und trocken tupfen. Zitronen längs einschneiden, aber nicht durchschneiden (bis etwa 1 cm vor Ende der Frucht schneiden).

2 Zitronen senkrecht halten, je eine Hälfte aufklappen und gut mit Salz bestreuen. Zitronenhälften wieder zusammenfügen, damit das Salz nicht herausfällt.

3 Die Gläser heiß ausspülen und die Zitronen vorsichtig hineinschichten. Von oben gut zusammendrücken, dann mit Folie bedecken und mit einem Stein oder schweren Gefäß beschweren.

4 Nach 3 bis 4 Tagen, wenn die Zitronen ganz mit Saft bedeckt sind, Stein oder Gefäß entfernen, Gläser verschließen und schütteln, sodass sich der Saft verteilt.

5 Das Öl auf die Saftoberfläche gießen. Die Salzzitronen 3 Wochen an einem dunklen Ort aufbewahren. Vor dem Servieren gut abspülen, abtupfen und das Fruchtfleisch entfernen. Die Schale in Stücke schneiden. Die Zitronen schmecken zu Fleisch- und Geflügelgerichten.

# Ackerbohnensalat mit Salzzitronen

**Für 4 Portionen**

1,2 kg frische Ackerbohnen (oder 500 g TK-Ware)

1 Tl Salz

100 ml Olivenöl

1 Zwiebel

Schale von 1/2 Salzzitrone (siehe Rezept auf Seite 123)

1/2 Tl weißer Pfeffer

1 Tl gemahlener Kreuzkümmel

2 El gehackter frischer Koriander

Zubereitungszeit: ca. 45 Minuten
Pro Portion ca. 153 kcal/640 kJ
4 g E, 13 g F, 6 g KH

1 Die frischen Bohnen aus den Hülsen holen. TK-Ware auftauen lassen. 2 Liter Wasser mit Salz zum Kochen bringen. Die Bohnen darin etwa 4 Minuten garen.

2 Bohnen herausnehmen, in kaltem Wasser abschrecken und abkühlen lassen. Anschließend von den Häutchen befreien.

3 Das Olivenöl in einer Pfanne erhitzen. Die Zwiebel schälen und fein hacken. Im heißen Öl schmoren.

4 Schale der Salzzitrone fein hacken. Bohnen und Salzzitronenschale zu der Zwiebel geben und mit Pfeffer würzen. Die Mischung etwa 5 Minuten weiterschmoren.

5 Nach 3 Minuten Garzeit den Kreuzkümmel unterrühren. Die Ackerbohnen mit Koriander bestreut servieren.

# Kartoffel-Spinat-Plätzchen mit Cashewkernen

**Für 4 Portionen**

600 g mehlig kochende Kartoffeln
Salz
200 g Blattspinat
250 g Cocktailtomaten
4 Zwiebeln
4 El Sonnenblumenöl
1 El frisch geriebener Ingwer
2 Tl Senfpulver
1 Tl Kurkumapulver
2 Tl Chilipulver
3 El Zitronensaft
etwas Milch
1 Bund Koriander
6 El gemahlene Cashewkerne
Öl zum Braten

Zubereitungszeit: ca. 30 Minuten (plus Kochzeit)
Pro Portion ca. 450 kcal/1890 kJ
8 g E, 27 g F, 34 g KH

1 Die Kartoffeln gründlich waschen und mit Schale in leicht gesalzenem Wasser ca. 20 Minuten garen. Den Spinat putzen, waschen und trocknen.

2 Die Tomaten waschen, putzen und in Spalten schneiden. Die Zwiebeln schälen und würfeln. Das Öl erhitzen und den Spinat, die Tomaten und die Zwiebeln darin andünsten. Mit Ingwer, Senf-, Kurkuma- und Chilipulver würzen. Den Zitronensaft unterrühren.

3 Die Kartoffeln abgießen, pellen und mit etwas heißer Milch und etwas Salz zerstampfen. Koriander waschen, trocknen und die Blättchen fein hacken. Koriander und die Kartoffelmasse zum Spinat geben, mischen und alles etwas abkühlen lassen. Aus der Masse mit feuchten Händen Plätzchen formen und in den Cashewkernen wälzen.

4 Öl erhitzen und die Plätzchen darin von allen Seiten goldbraun braten. Dazu Pickles oder Chutney reichen.

# Gefüllte Kartoffeln mit Gemüse

**Für 4 Portionen**

8 große Kartoffeln
150 g Erbsen (TK)
Salz
8 Nelken
2 Zwiebeln
1 Stück Ingwer (3 cm)
2 Tomaten
6 El Öl
1 El braune Senfkörner
2 Lorbeerblätter
1 Tl Korianderpulver
1/2 Tl Chilipulver
1 Tl Kurkumapulver
150 g saure Sahne
2 El Korianderblätter

Zubereitungszeit: ca. 30 Minuten (plus Koch- und Garzeit)
Pro Portion ca. 285 kcal/1197 kJ
8 g E, 12 g F, 33 g KH

1 Die Kartoffeln waschen, schälen, der Länge nach halbieren und das Innere herausschneiden. Das Kartoffelinnere zusammen mit den Erbsen in 125 ml Salzwasser geben und ca. 30 Minuten sehr weich kochen. Noch vorhandene Flüssigkeit danach abgießen.

2 Kartoffel-Erbsen-Gemisch mit einem Kartoffelstampfer oder einer Gabel sehr fein zerdrücken. Die Masse in die Kartoffelhälften füllen, jeweils 2 Hälften wieder zusammensetzen und mit einem Zahnstocher stabilisieren. In jede Kartoffel eine Nelke stecken und alles beiseitestellen.

3 Für die Sauce die Zwiebeln und den Ingwer schälen und beides fein hacken. Die Tomaten waschen, putzen und in kleine Würfel schneiden.

4 Das Öl in einer Pfanne erhitzen und die Senfkörner zusammen mit den Lorbeerblättern darin anrösten. Die Zwiebeln hinzufügen und goldgelb braten. Die Tomaten und den Ingwer mit den restlichen Gewürzen dazugeben und kurz mitbraten. Den Backofen auf 200 °C (Umluft 180 °C) vorheizen.

5 Die saure Sahne mit etwas Wasser glatt rühren und unter die Gemüse-Gewürz-Masse geben. Die Kartoffeln in eine feuerfeste, leicht gefettete Form legen und die Sauerrahmsauce darauf verteilen. Das Ganze dann zugedeckt etwa 30 Minuten im Ofen garen.

6 Koriander waschen, trocknen, Blätter abzupfen und hacken. Die Kartoffeln vor dem Servieren mit dem Koriander bestreuen.

# Reis, Bulgur & Co.

# Reis nach Topkapi-Art

**Für 4 Portionen**

1 Bund Frühlingszwiebeln
250 g Basmatireis
60 g Butter
1 El Olivenöl
75 g ganze Mandeln
35 g Pinienkerne
1/2 Tl gemahlener Zimt
100 g Korinthen
600 ml Gemüsebrühe
6 schwarze Pfefferkörner
1 Msp. Safran
3 Nelken
Salz
1 El gehackte frische Petersilie

Zubereitungszeit: ca. 30 Minuten (plus Ruhezeit)
Pro Portion ca. 563 kcal/2363 kJ
9 g E, 29 g F, 67 g KH

1 Die Frühlingszwiebeln putzen, waschen, trocknen und fein hacken. Den Reis gut waschen und in einem Sieb abtropfen lassen.

2 Die Hälfte der Butter sowie das Öl in einer Pfanne erhitzen und die Frühlingszwiebeln darin 2 Minuten andünsten. Die Mandeln und Pinienkerne hinzufügen und unter Rühren 3–4 Minuten mitschmoren, bis sie Farbe angenommen haben.

3 Die Pfanne vom Herd nehmen und den Zimt sowie die Korinthen unterrühren. Den Pfanneninhalt herausnehmen und beiseitestellen. Restliche Butter in der Pfanne schmelzen und den Reis darin schwenken, bis alle Reiskörner mit Fett überzogen sind. Die Gemüsebrühe erhitzen.

4 Pfefferkörner, Safran und Nelken dazugeben und mit Brühe auffüllen. Eventuell mit Salz abschmecken. Aufkochen lassen, dann den Reis bei geringer Temperatur etwa 10 Minuten garen, bis die Brühe aufgesogen ist.

5 Nun die Mandel-Korinthen-Mischung unter den Reis heben, die Pfanne mit einem Tuch abdecken und mit dem Deckel verschließen. 10 Minuten ruhen lassen. Dann den Reis auflockern und mit Petersilie bestreut servieren.

# Sardellenreis mit Anchovis

**Für 6 Portionen**

250 g Zwiebeln
50 g Butter
300 g Reis
500 ml Fleischbrühe
500 g frische Anchovis
Salz
1/2 Tl Pfeffer
100 g Maismehl
75 ml Sonnenblumenöl
Fett für die Form
Salat und Zitronenachtel zum Garnieren

Zubereitungszeit: ca. 45 Minuten (plus Backzeit)
Pro Portion ca. 1105 kcal/4641 kJ
34 g E, 74 g F, 79 g KH

1 Die Zwiebeln schälen und würfeln. 2 El Butter in einer Pfanne erhitzen und die Zwiebeln darin andünsten. Den Reis zufügen und 2 Minuten mitdünsten. Dann mit Fleischbrühe auffüllen und den Reis etwa 15 Minuten garen.

2 Inzwischen die Fische säubern, waschen und trockentupfen. Mit Salz und Pfeffer einreiben und in Maismehl wenden.

3 Das Sonnenblumenöl in einer Pfanne erhitzen und die Anchovis darin braten. Den Reis abgießen und abtropfen lassen. Den Backofen auf 180 °C (Umluft 160 °C) vorheizen.

4 Den Reis in eine gefettete Auflaufform geben, darüber Sardellen schichten, dann wieder Reis und Sardellen aufschichten und mit einer dritten Schicht Sardellen abschließen. Zuletzt die restliche Butter schmelzen und darübergießen.

5 Den Sardellenreis im Ofen etwa 10 Minuten backen, dann heiß mit Salat servieren.

# Reis mit Adzakibohnen

**Für 4 Portionen**

1 große Dose Wachtel- oder Adzakibohnen (braune Bohnen)

4 kleine Zwiebeln

4 Knoblauchzehen

1 Bund glatte Petersilie

2 El Öl

50 g Tomatenmark

200 g Reis

Salz

frisch gemahlener schwarzer Pfeffer

Baharat (arabische Gewürzmischung)

Zubereitungszeit: ca. 15 Minuten (plus Brat- und Garzeit)
Pro Portion ca. 340 kcal/1428 kJ
10 g E, 9 g F, 54 g KH

1 Die Bohnen abgießen, mit Wasser abspülen und in einem Sieb abtropfen lassen. Die Zwiebeln und die Knoblauchzehen schälen, die Zwiebel fein hakken. Den Knoblauch beiseitelegen.

2 Die Petersilie waschen, trocken schütteln, die Blättchen von den Stielen zupfen und fein hacken.

3 Das Öl in einem Topf langsam erhitzen und die Zwiebeln unter Rühren darin glasig dünsten. Den Knoblauch hinzupressen und 1 Minute mitdünsten lassen.

4 Das Tomatenmark mit wenig Wasser verrühren und hinzugeben. Die gehackte Petersilie unterrühren. Alles 5 Minuten kochen lassen.

5 Etwa 300 ml Wasser hinzugeben. Die abgetropften Bohnen und den Reis ebenfalls hinzugeben und unterrühren. Alles mit Salz, Pfeffer und Baharat abschmecken und etwa 15 Minuten köcheln lassen, bis der Reis gar ist.

# Safran-Reis mit Lamm und Kürbis

**Für 4 Portionen**
4 Scheiben Toast
2 Knoblauchzehen
400 g Lammhackfleisch
2 Eier
Salz
1 El edelsüßes Paprikapulver
200 g Langkornreis
1/2 Tl gemahlener Safran
750 g Kürbisfleisch
250 g gelbe Paprikaschote
1 Stück Ingwer (3 cm)
8 El Pflanzenöl
1 Tl Zucker
1/2 Tl Cayennepfeffer
2 El gehackter frischer Koriander

Zubereitungszeit: ca. 1 Stunde
Pro Portion ca. 730 kcal/3066 kJ
42 g E, 34 g F, 64 g KH

1 Das Toastbrot in Wasser einweichen, dann ausdrücken. Die Knoblauchzehen schälen, eine Zehe zerdrücken. Hackfleisch mit Toast, Knoblauch, Eiern, Salz und Paprikapulver mischen und zu einem glatten Teig verarbeiten. 20 Minuten kaltstellen. Aus dem Teig Bällchen formen.

2 Den Reis in 1/2 l Wasser mit Salz und Safran geben und nach Packungsanweisung garen. Das Kürbisfleisch in Würfel schneiden. Paprika putzen, waschen, entkernen und in Streifen schneiden.

3 Den Ingwer schälen und mit der restlichen Knoblauchzehe fein hacken. 3 Esslöffel Öl in einem Topf erhitzen und Knoblauch und Ingwer darin andünsten. Kürbiswürfel zugeben und mit Salz, Zucker und Cayennepfeffer würzen.

4 6 Esslöffel Wasser hinzufügen und alles 10 Minuten abgedeckt garen. Paprika dazugeben und weitere 4 Minuten mitgaren. Das restliche Öl erhitzen und die Lammbällchen darin 8 Minuten rundherum braten.

5 Gegarten Reis mit Koriander mischen und unter die Gemüsemasse heben. 3 Minuten ziehen lassen, dann mit den Lammhackbällchen servieren.

# Basmatireis mit Früchten

**Für 4 Portionen**

300 g Basmatireis
Salz
40 g Butterschmalz
5 El Butter
150 g getrocknete Feigen
40 g Rosinen
4 getrocknete Aprikosen
1/2 Tl gemahlener Zimt
1/2 Tl gemahlene Muskatnuss
einige Blättchen Koriander

Zubereitungszeit: ca. 35 Minuten
Pro Portion ca. 648 kcal/2720 kJ
9 g E, 22 g F, 100 g KH

1 Den Reis waschen, abtropfen lassen und in 1 l Salzwasser aufkochen lassen. Unter Rühren etwa 2 Minuten kochen lassen. Dann den Reis abgießen, mit kaltem Wasser abspülen und abtropfen lassen.

2 Das Butterschmalz im Reistopf erhitzen. 30 ml Wasser dazugießen und den Reis zurück in den Topf geben. So hineinschichten, dass er in der Mitte des Topfes einen Hügel bildet. Darauf 2 El Butter in Flöckchen geben.

3 Den Reistopf mit dem Deckel verschließen und den Reis bei mittlerer Temperatur etwa 15 Minuten dämpfen, dann von der Kochplatte nehmen und einige Minuten nachgaren lassen.

4 Die Feigen, Rosinen und Aprikosen waschen und gut trocknen. Alle Trockenfrüchte in kleine Würfel schneiden.

5 Restliche Butter in einer Pfanne schmelzen und die Fruchtwürfel darin etwa 5 Minuten unter Rühren schwenken. Zimt und Muskat unterrühren. Den Reis mit den Früchten mischen und mit Korianderblättchen garniert servieren.

# Couscous mit Gemüse

**Für 4 Portionen**

1 Zwiebel
450 g Lammfleisch
3 El Olivenöl
4 Tomaten
2 Knoblauchzehen
1 Tl gemahlener Ingwer
1 Tl Kurkuma
1/4 Tl Chilipulver
50 g Kichererbsen (aus der Dose)
225 g Couscous
2 Karotten
2 Kartoffeln
2 Zucchini
Salz
schwarzer Pfeffer
einige Blättchen Koriander

Zubereitungszeit:
ca. 1 Stunde 25 Minuten
Pro Portion ca. 515 kcal/2163 kJ
41 g E, 19 g F, 43 g KH

1 Zwiebel schälen und hacken. Fleisch waschen, trockentupfen und in Würfel schneiden. 2 El Öl in einer Pfanne erhitzen und die Zwiebel darin andünsten. Fleischwürfel zugeben und von allen Seiten gut anbraten.

2 Tomaten putzen, waschen und hacken. Knoblauch schälen und ebenfalls hacken. Tomaten, Knoblauch, Ingwer, Kurkuma und Chilipulver pürieren. Tomaten-Gewürz-Paste zum Fleisch geben.

3 Kichererbsen abtropfen lassen und ebenfalls unterrühren. 1/4 Liter Wasser einrühren und aufkochen lassen. Fleisch bei mittlerer Temperatur abgedeckt etwa 45 Minuten schmoren.

4 Couscous in einer Schüssel mit restlichem Öl und 3/4 Liter Wasser vermengen, Körner mit den Fingern voneinander lösen. 15 Minuten quellen lassen. Dann in einem Dämpftopf etwa 10 Minuten weich dämpfen.

5 Karotten und Kartoffeln schälen und klein schneiden. Zucchini putzen, waschen und würfeln. Gemüse zum Fleisch geben und alles weitere 15 Minuten schmoren. Anschließend mit Salz und Pfeffer abschmecken. Couscous auf eine Platte geben, Fleisch-Gemüse-Masse in eine Vertiefung in der Mitte geben und mit Korianderblättchen garnieren.

# Tabbouleh nach libanesischer Art

**Für 4 Portionen**

200 g Bulgur
1 Bund glatte Petersilie
4 Zweige frische Minze
1/2 Schlangengurke
4 Frühlingszwiebeln
2 Fleischtomaten
Saft von 2 Zitronen
4 El Olivenöl
Salz
schwarzer Pfeffer

Zubereitungszeit: ca. 20 Minuten (plus Zeit zum Ziehen)
Pro Portion ca. 308 kcal/1291 kJ
6 g E, 13 g F, 42 g KH

1 Den Bulgur in 1/2 l Wasser etwa 10 Minuten kochen, dann vom Herd nehmen und weitere 20 Minuten quellen lassen.

2 Inzwischen die Petersilie und Minze waschen, trocken schütteln und hacken. Die Gurke schälen und in feine Würfel schneiden. Frühlingszwiebeln putzen, waschen und fein hacken.

3 Die Tomaten waschen, die Stielansätze entfernen und das Fruchtfleisch fein würfeln.

4 Den Bulgur mit einer Gabel auflockern. Mit dem Gemüse und den Kräutern in einer Schüssel vermischen.

5 Zitronensaft und Öl mit Salz und Pfeffer mischen und den Gemüsesalat damit überziehen. Mindestens 1 Stunde durchziehen lassen, dann nochmals gut durchrühren und servieren.

# Basmatireis mit Linsen

**Für 4 Portionen**

200 g braune Linsen
Salz
200 g Basmatireis
1 Bund Frühlingszwiebeln
2 Knoblauchzehen
100 ml Olivenöl
2 Tl gemahlener Zimt
2 Tl Paprikapulver
2 Tl gemahlener Kreuzkümmel
schwarzer Pfeffer
2 El gehackter frischer Koriander

Zubereitungszeit: ca. 50 Minuten (plus Einweichzeit)
Pro Portion ca. 465 kcal/1953 kJ
16 g E, 14 g F, 68 g KH

1 Linsen über Nacht einweichen. Am nächsten Tag abgießen und in Salzwasser etwa 40 Minuten kochen. 20 Minuten vor Ende der Garzeit den Reis in Salzwasser geben und ebenfalls garen.

2 Die Frühlingszwiebeln putzen, waschen und in Ringe schneiden. Die Knoblauchzehen schälen und zerdrücken. Das Öl in einer Pfanne erhitzen und Zwiebeln sowie Knoblauch darin etwa 5 Minuten dünsten.

3 Die Gewürze in die Pfanne geben und alles weitere 5 Minuten bei geringer Temperatur schmoren. Koriander waschen, trocken schütteln und hacken.

4 Reis und Linsen abgießen und gut abtropfen lassen. Mit der Pfannenmischung gut verrühren. Koriander unterheben und mit Salz und Pfeffer abschmecken. Warm servieren.

# Mandelreis mit Rosinen

**Für 4 Portionen**

200 g ganze Mandeln
3 El Maiskeimöl
400 g Reis
1 l Hühnerbrühe
1 Tl frisch geriebene Muskatnuss
1/2 Tl gemahlener Zimt
Salz
150 g Rosinen

Zubereitungszeit: ca. 15 Minuten (plus Garzeit)
Pro Portion ca. 1275 kcal/5355 kJ
60 g E, 54 g F, 135 g KH

1 Backofen auf 200 °C (Umluft 180 °C) vorheizen. Mandeln mit kochendem Wasser überbrühen und 1 Minute ziehen lassen. Anschließend abgießen und die Häutchen mit den Fingern von den Mandeln ablösen. Mandeln auf einem Backblech verteilen und im Backofen etwa 5 Minuten trocknen lassen. Abkühlen lassen.

2 Das Öl erhitzen und den Reis darin unter ständigem Rühren goldbraun andünsten. Wenn der Reis goldbraun ist, die Hühnerbrühe mit frisch geriebener Muskatnuss, gemahlenem Zimt und Salz hinzugeben. Alles bei geringer Hitze 10–15 Minuten lang unter Rühren dünsten.

3 Die Rosinen zugeben und unterrühren. Alles 10–15 Minuten weiterköcheln lassen.

4 Inzwischen die Mandeln in einer Pfanne ohne Fett unter ständigem Rühren goldbraun rösten. Herausnehmen und abkühlen lassen.

5 Den fertigen Reis auf einer Platte anrichten. Die gerösteten Mandeln darüberstreuen und servieren. Dazu schmeckt knusprig gebratenes Fleisch.

# Olivenreis
## mit Paprika

**Für 4 Portionen**

je 1 grüne und rote Paprikaschote

100 g grüne Oliven ohne Stein

100 g schwarze Oliven ohne Stein

1 Bund Frühlingszwiebeln

100 ml Olivenöl

250 g Langkornreis

300 ml Gemüsebrühe

1 Tl Salz

1/2 Tl gemahlener schwarzer Pfeffer

1/4 Tl Cayennepfeffer

50 g Butter

einige Blättchen Koriander

Zubereitungszeit:
ca. 1 Stunde 25 Minuten
Pro Portion ca. 578 kcal/2426 kJ
6 g E, 39 g F, 53 g KH

1 Den Backofen auf 180 °C (Umluft 160 °C) vorheizen. Die Paprikaschoten putzen, waschen, entkernen und würfeln. Die Oliven nach Wunsch in Scheiben schneiden.

2 Frühlingszwiebeln putzen, waschen und in Ringe schneiden. Öl in einem Schmortopf erhitzen und die Frühlingszwiebeln darin andünsten. Paprikawürfel und Oliven dazugeben und 2 Minuten mitdünsten.

3 Reis und Gemüsebrühe zugeben. Mit Salz, Pfeffer und Cayennepfeffer würzen. Die Mischung aufkochen und abgedeckt im Backofen etwa 1 Stunde garen.

4 Nach der Garzeit den Reis in eine Schüssel füllen und mit Butterflöckchen überziehen. Mit Korianderblättchen garnieren und als Beilage zu Fleisch, Fisch oder Geflügel servieren.

# Lamm-Pilaw mit Walnüssen

**Für 4 Portionen**

250 g Reis
Salz
2 Zwiebeln
250 g Lammfleisch
100 g Champignons
2–3 Tomaten
150 g Butter
1 Tl Zucker
1 Tl Oregano
1 Tl Pfeffer
1 Bund gehackter frischer Dill
50 g gemahlene Walnüsse
Salat und einige Walnusshälften zum Garnieren

Zubereitungszeit: ca. 50 Minuten (plus Einweichzeit)
Pro Portion ca. 685 kcal/2877 kJ
25 g E, 43 g F, 50 g KH

1 Den Reis etwa 60 Minuten in Salzwasser einweichen, dann gut abspülen. Die Zwiebeln schälen und fein würfeln. Das Fleisch waschen, trocknen und in grobe Würfel schneiden.

2 Pilze putzen, feucht abreiben und in Scheiben schneiden. Die Tomaten häuten, die Stielansätze entfernen und würfeln. Die Hälfte der Butter in einer Pfanne erhitzen und die Zwiebeln darin andünsten.

3 Das Fleisch dazugeben und anbraten. Wenn Flüssigkeit austritt, Pilze und Tomaten hinzufügen und 3 Minuten mitschmoren. Dann etwa 500 ml Wasser dazugießen und alles etwa 30 Minuten kochen.

4 Nach der Hälfte der Garzeit den Reis zufügen, mit Salz und Zucker würzen und garen lassen. Die restliche Butter schmelzen und über das fertige Reisgericht geben.

5 5 Minuten ruhen lassen, dann mit Oregano, Pfeffer und Dill abschmecken und die gehackten Walnüsse unterheben. Alles auf einer Platte anrichten und mit fein geschnittenem Salat und einigen Walnusshälften garniert servieren.

# Couscous nach marokkanischer Art

**Für 4 Portionen**
250 g Couscous
3 Zitronen
100 g Rosinen
125 ml Apfelsaft
600 g Tomaten
50 g Mandelstifte
150 ml Tomatensaft
1 El Öl
Zimt
frisch geriebene Muskatnuss
Salz
Pfeffer
2 Stiele frische Minze

Zubereitungszeit: ca. 15 Minuten (plus Garzeit, plus Kühlzeit)
Pro Portion ca. 473 kcal/1985 kJ
12 g E, 11 g F, 76 g KH

1 Den Couscous nach Packungsaufschrift garen und anschließend abkühlen lassen. 2 Zitronen auspressen und den Zitronensaft unter den abgekühlten Couscous mischen.

2 n einem Schälchen die Rosinen in dem Apfelsaft quellen lassen. Die Tomaten kreuzweise einritzen und kurz in kochendes Wasser tauchen. Anschließend häuten, halbieren und in Würfel schneiden.

3 Die Mandelstifte in einer Pfanne ohne Fett goldbraun anrösten. Tomatenwürfel und Tomatensaft mit dem Öl, den eingeweichten Rosinen und den gerösteten Mandeln vermischen, zum Couscous geben und alles gut unterheben.

4 Couscous mit etwas Zimt, frisch geriebener Muskatnuss, Salz und Pfeffer kräftig würzen. Die Minze waschen, trocken schütteln, die Blättchen von den Stielen zupfen. Anschließend kleiner schneiden, aber nicht hacken, und untermischen.

5 Die restliche Zitrone heiß waschen, abtrocknen und in sehr dünne Scheiben schneiden. Den Couscous damit garnieren und vor dem Servieren 30 Minuten durchziehen lassen.

Fleisch & Geflügel

# Honiglamm mit Quitten

**Für 4 Portionen**

700 g Quitten

3 El Zitronensaft

1 kg Lammschulter ohne Knochen

100 g Perlzwiebeln

5 El Butterschmalz

Salz

Pfeffer

etwas geriebener Ingwer

250 ml Lammfond

je 1-2 Tl gemahlener Zimt, Koriander und Kardamom

5 El Honig

3 El Orangensaft

125 g Mandelblättchen

Zubereitungszeit:
ca. 1 Stunde 15 Minuten
Pro Portion ca. 493 kcal/2069 kJ
56 g E, 15 g F, 33 g KH

1 Die Quitten mit einem Tuch abreiben, waschen und das Kerngehäuse entfernen. Das Fruchtfleisch in kleine Würfel schneiden und mit dem Zitronensaft beträufeln.

2 Das Fleisch waschen, trocknen und in Würfel schneiden, dann die Zwiebeln schälen und halbieren. Zwiebeln und Fleisch im erhitzten Butterschmalz etwa 5 Minuten anbraten.

3 Salz, Pfeffer, frisch geriebener Ingwer nach Geschmack und Quitten untermengen, den Fond zugeben und alles bei mittlerer Hitze etwa 25 Minuten schmoren. Die restlichen Gewürze, Honig und Orangensaft beifügen und nochmals 10 Minuten schmoren lassen.

4 In einer Pfanne die Mandelblättchen rösten und über das Ragout streuen. Dazu passt Reis.

# Lamm-Hackröllchen mit Joghurtsauce

**Für 4 Portionen**

1 kg Lammschulter ohne Knochen
150 g Kichererbsenmehl
1 Tl Kreuzkümmel
1 Tl Cayennepfeffer
Salz
200 g Joghurt
4 El Sonnenblumenöl
1 Zimtstange (5 cm)
10 Kardamomkapseln
3 Lorbeerblätter
10 Nelken
2 El geriebener Ingwer
500 ml Lammfond
schwarzer Pfeffer

Zubereitungszeit: ca. 40 Minuten
Pro Portion ca. 698 kcal/2932 kJ
109 g E, 47 g F, 3 g KH

1 Das Fleisch würfeln und durch die feine Scheibe des Fleischwolfs drehen. Die Fleischmasse mit Mehl, Kreuzkümmel, Pfeffer, Salz und der Hälfte des Joghurts gut verkneten. Die Masse in 20 Portionen teilen und daraus mit feuchten Händen Röllchen formen.

2 Das Öl erhitzen und Zimt, Kardamom, Lorbeer und Nelken darin ca. 2 Minuten braten. Die Fleischröllchen dazugeben und ca. 4 Minuten weiterbraten. Den Ingwer hineingeben und alles mit dem restlichen Joghurt und dem Lammfond angießen. Das Ganze bei milder Hitze ca. 15 Minuten köcheln lassen. Mit schwarzem Pfeffer abschmecken.

# Lammgulasch mit Knoblauch

**Für 6 Portionen**

1 kg Lammschulter ohne Knochen
2 Zwiebeln
3 Knoblauchzehen
1 Bund Frühlingszwiebeln
3 Kartoffeln
3 Möhren
1/2 Sellerieknolle
3 El Olivenöl
3 El Mehl
1 Bund gehackte frische Petersilie
1 Bund gehackter frischer Dill

Zubereitungszeit: ca. 30 Minuten (plus Kochzeit)
Pro Portion ca. 503 kcal/2111 kJ
23 g E, 23 g F, 49 g KH

1 Das Fleisch waschen, trocken reiben und in Würfel schneiden. Die Zwiebeln und Knoblauchzehen schälen und vierteln. Die Frühlingszwiebeln putzen, waschen und in Ringe schneiden.

2 Kartoffeln, Möhren und Sellerie waschen und schälen. Kartoffeln in dünne Spalten, Möhren und Sellerie in dünne Stifte schneiden. Die Fleischwürfel in einen Topf geben, mit Wasser bedecken und etwa 5 Minuten kochen lassen. Herausheben und abtropfen lassen.

3 Das Öl in einem Topf erhitzen und das Fleisch darin von allen Seiten anbraten. Zwiebeln und Knoblauch zufügen und unter Rühren mitschmoren. Das Mehl darübersieben und unterrühren.

4 Das Fleisch mit 1 l Wasser bedecken und 15 Minuten kochen. Dann Frühlingszwiebeln, Kartoffeln, Möhren und Sellerie sowie Kräuter zugeben und mit Salz und Pfeffer abschmecken.

5 Den Topf mit Butterbrotpapier abdecken und den Deckel auflegen. Das Lammgulasch weitere 15 Minuten schmoren lassen. Dann nochmals mit den Gewürzen abschmecken. Servieren Sie zum Lammgulasch frisches Fladenbrot.

# Gefüllte Zucchini aus dem Ofen

**Für 4 Portionen**

200 g Kichererbsen
Salz
4 große Zucchini
2 Knoblauchzehen
250 g Lammhackfleisch
1/2 Bund gehackte frische Petersilie
frisch gemahlener Pfeffer
3 El Olivenöl
1 Granatapfel
3 Eigelb

Zubereitungszeit: ca. 25 Minuten (plus Einweich- und Garzeit)
Pro Portion ca. 323 kcal/1355 kJ
30 g E, 13 g F, 20 g KH

1 Die Kichererbsen über Nacht in reichlich Wasser einweichen. Abgießen und in Salzwasser etwa 45 Minuten garen.

2 Die Zucchini putzen, waschen und trocknen. Längs halbieren und vorsichtig aushöhlen. Dabei darf die Schale nicht beschädigt werden.

3 Die Knoblauchzehen schälen und fein hacken. Das Hackfleisch mit Kichererbsen, Knoblauch, Petersilie, Salz und Pfeffer mischen und die Füllung in die ausgehöhlten Zucchini geben.

4 Den Backofen auf 180 °C (Umluft 160 °C) vorheizen. Die Zucchini auf Alufolie legen, mit Olivenöl beträufeln, einwickeln und im Backofen etwa 40 Minuten backen. Anschließend aus der Folie nehmen und auf eine Servierplatte legen.

5 Den Granatapfel aufbrechen, die geleeartigen roten Kerne herauslösen und mit dem Eigelb mischen. Mit etwas Wasser erhitzen und die Zucchini vor dem Servieren mit der Sauce überziehen.

# Köfte

## der Klassiker aus der Türkei

**Für 4 Portionen**
350 g Weizengrütze
1 große Zwiebel
3 Knoblauchzehen
1 Tl Gemüsebrühe
1 El Paprikamark
1–2 El Paprikapulver
350 g Rinderhackfleisch
1 Bund glatte Petersilie
Olivenöl zum Braten
Chiliflocken zum Bestreuen
Salatgarnitur nach Belieben

Zubereitungszeit: ca. 15 Minuten (plus Quellzeit)
Pro Portion ca. 478 kcal/2006 kJ
27 g E, 13 g F, 63 g KH

1 Die Weizengrütze waschen, dann in etwas Wasser 3 Stunden quellen lassen. Die Zwiebel schälen und fein hacken. Die Knoblauchzehen schälen und zerdrücken.

2 Grütze, Zwiebel, Knoblauch, Brühe, Paprikamark und Paprikapulver in einer Schüssel gut miteinander vermengen und weich kneten.

3 Das Hackfleisch dazugeben und alles zu einem glatten Teig verkneten.

4 Petersilie waschen, trocken schütteln und hacken. Unter den Frikadellenteig rühren und daraus Fleischbällchen formen. Die Köfte in heißem Öl in einer Pfanne portionsweise rundherum braten. Mit Chiliflocken bestreut und mit Salat garniert servieren.

# Ente mit Chili und Orange

**Für 4 Portionen**

1 junge küchenfertige Ente
4 El Pflanzenöl
400 ml Hühnerbrühe
Salz
8 ganze Gewürznelken
2 scharfe Chilischoten
1 1/2 El frisch gepresster Zitronensaft
200 ml frisch gepresster Orangensaft
2 rote Paprika
1 Tl Paprikapulver

Zubereitungszeit: ca. 20 Minuten (plus Bratzeit)
Pro Portion ca. 468 kcal/1964 kJ
40 g E, 26 g F, 18 g KH

1 Backofen auf 200 °C (Umluft 180 °C) vorheizen. Bei der Ente das Fett entfernen. Die Haut der Ente mehrfach mit einem spitzen Messer oder einer Gabel anstechen. Das Öl in einem Bräter stark erhitzen und die Ente auf allen Seiten goldbraun anbraten. Herausnehmen und abtropfen lassen.

2 Fett aus dem Bräter entfernen. Die Hälfte der Hühnerbrühe in den Bräter gießen und zum Kochen bringen. Salz und Gewürznelken hinzufügen. Chilischoten halbieren, entkernen und fein gewürfelt hinzugeben. Ente hineinlegen, den Deckel auflegen und im Backofen 60 Minuten braten lassen.

3 Nelken herausnehmen. Restlichen Hühnerfond in einen Topf gießen und Zitronen- und Orangensaft damit verrühren. Paprika putzen, waschen, halbieren, Stielansatz und Kerne entfernen und in kleine Würfel schneiden. Paprika zur Zitrus-Brühe geben und alles zum Kochen bringen.

4 Den Bräter aus dem Backofen nehmen und die Ente mit der Paprika-Zitrus-Brühe übergießen. Bräter wieder in den Backofen stellen und etwa 20 Minuten weiterbraten.

5 Die Ente mit Paprika bestreuen und in Portionsstücke teilen. Die Brühe eventuell noch etwas einreduzieren lassen und zur Ente reichen.

# Lamm Tas Kebab
## mit Reis

**Für 4–6 Portionen**

1 kg Lammfleisch ohne Knochen
3 Zwiebeln
500 g Tomaten
100 g Butter
100 g Mehl
1 Dose Tomatenmark
2 Möhren
2 Knoblauchzehen
50 g Sellerie
1 grüne Paprikaschote
250 g Reis
Salz
Pfeffer
Paprikapulver
gehackte Petersilie zum Garnieren

Zubereitungszeit: ca. 35 Minuten (plus Schmor- und Kochzeit)
Pro Portion ca. 807 kcal/3389 kJ
27 g E, 1 g F, 89 g KH

1 Das Fleisch waschen und trocken reiben. Die Zwiebeln schälen und in Ringe schneiden. Die Tomaten waschen, von den Stielansätzen befreien und achteln. Die Butter in einem Topf erhitzen und das Fleisch darin anbraten. Die Zwiebeln hinzufügen.

2 Nach 5 Minuten Schmorzeit das Mehl über das Fleisch stäuben und das Tomatenmark einrühren. Tomatenachtel und etwa 1 l Wasser dazugeben und aufkochen lassen. Den Schaum abschöpfen.

3 Möhren, Knoblauch und Sellerie schälen. Möhren in Scheiben, Sellerie in Stücke schneiden, Knoblauch fein hacken. Die Paprikaschote putzen, waschen, entkernen und würfeln. Alle Zutaten zum Fleisch geben.

4 Den Lammtopf bei geringer Hitze 60 Minuten köcheln lassen. Den Reis nach Packungsanweisung garen. Das Fleisch aus dem Topf nehmen und in Würfel schneiden. Das Gemüse mit den Gewürzen abschmecken. Lamm Tas Kebab auf Tellern anrichten und mit Petersilie garnieren.

# Hackfleischspießchen mit Chili

**Für 4 Portionen**

1,2–1,5 kg Lammschulter
2 Gemüsezwiebeln
5 grüne Chilischoten
1 rote Chilischote
5 Knoblauchzehen
1 Stück frischer Ingwer (ca. 6–7 cm)
je 1 Tl Kreuzkümmel, gemahlene Nelken und Zimt
je 1 El Koriander- und Kardamompulver
1 El geschroteter schwarzer Pfeffer
2 El Chilipulver
2 El Mangopulver
2 El Salz
3 El Zitronensaft
1 Bund Koriandergrün
2 Eier
5–6 El Kichererbsenmehl
Öl zum Grillen

Zubereitungszeit: ca. 35 Minuten (plus Zeit zum Ruhen)
Pro Portion ca. 408 kcal/1712 kJ
41 g E, 21 g F, 15 g KH

1 Das Fleisch vom Knochen lösen. Haut, Sehnen und Fett abschneiden. Das Fleisch waschen, trocknen und grob zerkleinern. Mit den geschälten Zwiebeln, den geputzten Chilis, dem geschälten Knoblauch und dem Ingwer durch den Fleischwolf drehen.

2 Das Hack mit den Gewürzen, Zitronensaft und dem gehackten Koriandergrün verkneten. Eier und Kichererbsenmehl dazugeben und alles gut mischen. Ca. 25 Minuten kühl ruhen lassen.

3 Aus der Masse mit feuchten Händen 18–20 Röllchen formen und diese auf Holzspieße stecken. Mit Öl bestreichen und die Hackfleischspießchen von allen Seiten braun braten oder grillen. Dazu passt Krautsalat.

# Lammkebab mit Joghurt

**Für 4 Portionen**

675 g Lammschulter ohne Knochen
1 große Zwiebel
2 Knoblauchzehen
Saft von 1 Zitrone
5 El Olivenöl
1 Tl gemahlener Kreuzkümmel
2 Tl Paprikapulver
Salz
Pfeffer
675 g Tomaten
1 Prise Zucker
1 Tl Tomatenmark
30 g Pinienkerne
2 dünne Fladenbrote
350 ml Vollmilchjoghurt
1/2 Bund gehackte Petersilie

Zubereitungszeit: ca. 55 Minuten (plus Marinierzeit)
Pro Portion ca. 543 kcal/2279 kJ
56 g E, 29 g F, 13 g KH

1 Das Fleisch waschen, trocknen und in Würfel schneiden. Zwiebel schälen und reiben, Knoblauchzehen zerdrücken.

2 Zwiebel und Knoblauch mit Zitronensaft, 2 El Öl, Kümmel, 1 Tl Paprikapulver, Salz und Pfeffer mischen und über das Fleisch geben. Das Fleisch unter gelegentlichem Wenden mindestens 4 Stunden marinieren.

3 Für die Sauce die Tomaten kreuzweise einritzen, mit kochendem Wasser überbrühen, häuten, von Kernen und Stielansatz befreien und das Fruchtfleisch hacken. 1 El Olivenöl erhitzen und Tomaten mit Zucker, Tomatenmark, Salz und Pfeffer etwa 10 Minuten schmoren.

4 Den Grill auf höchster Stufe vorheizen. Fleisch aus der Marinade nehmen und auf Metallspieße stecken. Die Kebabs von jeder Seite 5 Minuten grillen, dabei mehrfach mit der Marinade bestreichen. Die Pinienkerne rösten und die Brote halbieren und toasten.

5 Die Brote auf eine Platte legen, Tomatensauce darauf verstreichen und die Spieße darauf anrichten. Mit Joghurt und Pinienkernen überziehen. Restliches Öl erwärmen, mit restlichem Paprikapulver vermischen und ebenfalls über die Kebabs geben. Mit Petersilie garniert servieren.

# Lammtopf mit Reisnudeln

**Für 4 Portionen**

750 g Lammkeule ohne Knochen
500 g Tomaten
2 Zwiebeln
2 Knoblauchzehen
4 El Olivenöl
1/4 l Lammfond
Salz
schwarzer Pfeffer
1 Bund frischer Thymian
1/4 l trockener Weißwein
200 g Reisnudeln
50 g frisch geriebener Käse

Zubereitungszeit: ca. 2 Stunden
Pro Portion ca. 693 kcal/2909 kJ
66 g E, 22 g F, 47 g KH

1 Das Fleisch gut waschen und trocken tupfen. Dann in Würfel schneiden. Den Backofen auf 200 °C (Umluft 180 °C) vorheizen.

2 Die Tomaten kreuzweise einritzen, mit kochendem Wasser überbrühen, häuten, von Stielansätzen und Kernen befreien und in Würfel schneiden. Zwiebeln und Knoblauch schälen und fein hacken.

3 Das Öl in einem großen Topf erhitzen und die Fleischwürfel darin von allen Seiten gut anbraten. Zwiebeln und Knoblauch zufügen und mitschmoren.

4 Tomaten zufügen und den Lammfond angießen. Mit Salz und Pfeffer abschmecken. Thymian waschen, trocknen und die Blättchen fein hacken. Zum Fleisch geben und alles abgedeckt im Ofen etwa 1 Stunde garen.

5 Nach Ende der Garzeit 1/4 Liter Wasser sowie den Weißwein zugießen und die Reisnudeln einrühren. Alles weitere 30 Minuten garen. Bei Bedarf etwas Wasser nachgießen. Mit Salz und Pfeffer würzen und mit Käse bestreut servieren.

# Marinierte Wachteln
## vom Grill

**Für 4 Portionen**

8 küchenfertige Wachteln
200 g Ziegenjoghurt
2 El Olivenöl
2 Tl Tomatenmark
1 Tl edelsüßes Paprikapulver
1/2 Tl Cayennepfeffer
Salz
frisch gemahlener Pfeffer

Zubereitungszeit: ca. 40 Minuten (plus Marinier- und Garzeit)
Pro Portion ca. 645 kcal/2709 kJ
69 g E, 40 g F, 3 g KH

1 Die Wachteln gut waschen und trocken tupfen. Joghurt, Olivenöl, Tomatenmark und Gewürze verrühren.

2 Die Wachteln in die Marinade tunken. Auch die Bauchhöhle der Vögel damit einpinseln. Über Nacht oder mindestens 6 Stunden marinieren lassen.

3 Den Grill auf höchste Stufe vorheizen. Wachteln gut abtropfen lassen. Auf jeden Spieß 2 Wachteln stecken (vom Flügel bis zur Keule aufspießen).

4 Die Wachteln etwa 20–25 Minuten unter mehrmaligem Wenden knusprig goldbraun grillen. Beim Abziehen der Keule darf kein Blut mehr zu sehen sein. Den Bratensaft auffangen und dazu reichen.

# Hähnchen mit Joghurt

**Für 4 Portionen**

1 Brathähnchen
Saft von 1 Zitrone
1 Tl Salz
1 Zwiebel
2 Knoblauchzehen
1 Stück Ingwer (5 cm)
1 Tl gemahlener Koriander
2 Tl gemahlener Kreuzkümmel
1 Tl Nelkenpulver
2 Lorbeerblätter
1/2 Tl Cayennepfeffer
1 Tl Kurkuma
150 ml Joghurt
1 Zitrone

Zubereitungszeit: ca. 1 Stunde (plus Marinier- und Garzeit)
Pro Portion ca. 270 kcal/1134 kJ
27 g E, 14 g F, 7 g KH

1 Das Hähnchen waschen, trocken tupfen und in 4 Teile schneiden. Die Hähnchenteile häuten und an der fleischigsten Stelle einschneiden. Mit Zitronensaft beträufeln und mit Salz einreiben.

2 Zwiebel, Knoblauch und Ingwer schälen und alles fein hacken.

3 Gewürze, Zwiebel, Knoblauch und Ingwer sowie den Joghurt in einer Schüssel miteinander verrühren.

4 Die Hähnchenteile in einen Schmortopf legen und mit der Joghurtmischung überziehen. Mit Folie abdecken und mindestens 24 Stunden ziehen lassen. Währenddessen mehrmals wenden.

5 Den Backofen auf 200 °C (Umluft 180 °C) vorheizen. Nach der Marinierzeit die Hähnchenteile auf einem Backblech etwa 45 Minuten braten. Mit Zitronenvierteln garniert servieren. Dazu grünen Salat reichen.

# Hühnchen mit Kardamom

**Für 4 Portionen**

1 großes Brathühnchen (ca. 2 kg)
Salz
Pfeffer
3 Zwiebeln
3 Knoblauchzehen
4–5 El Öl
200 g Langkornreis
je 1 Tl Pfefferkörner, Koriander und Kreuzkümmel
je 1 El Kurkuma und Kardamom
1 Stück Ingwer (ca. 2 cm)
3 Anissterne
1 Zimtstange
1–2 getrocknete Chilis
500 ml Geflügelbrühe
150 g Kartoffeln
2 Fleischtomaten
300 g Joghurt
Saft von 1 Zitrone

Zubereitungszeit: ca. 30 Minuten (plus Garzeit)
Pro Portion ca. 525 kcal/2205 kJ
37 g E, 18 g F, 51 g KH

1 Backofen auf 180 °C (Umluft 160 °C) vorheizen. Hühnchen in 10 Portionsteile zerlegen und mit Salz und Pfeffer einreiben.

2 Zwiebeln und Knoblauch schälen und fein hacken. In einem Bräter 2–3 El Öl erhitzen, Reis mit Zwiebeln und Knoblauch darin glasig dünsten.

3 Gewürze dazugeben, die Brühe angießen und 5 Minuten köcheln lassen. Kartoffeln schälen, waschen und klein würfeln. Kartoffeln zu der Gewürzmischung geben und 5 Minuten weiter köcheln lassen.

4 Restliches Öl in einer Pfanne erhitzen, Fleisch darin kurz anbraten und zur Reismischung dazugeben.

5 Alles im vorgeheizten Backofen etwa 30 bis 35 Minuten schmoren. Nicht umrühren, wenn notwendig, etwas Brühe dazugießen.

6 Tomaten kreuzweise einritzen, Stielansätze entfernen und mit kochendem Wasser überbrühen. Anschließend häuten und klein gewürfelt zum Hühnchen geben.

7 Alles 10 Minuten weiterköcheln. Joghurt und Zitronensaft unterheben, 5 Minuten ziehen lassen. Nicht mehr kochen lassen.

# Huhn in Granatapfelsauce

**Für 4 Portionen**

1 Huhn (ca. 1,5 kg)
Salz
Pfeffer
2 El Olivenöl
1/2 Tl Safranfäden
2 Zwiebeln
200 g Walnusskerne
1/2 l Hühnerbrühe
5 El Grenadine
1/2 Tl Zimtpulver
1/2 El Zucker
1/2 Granatapfel

Zubereitungszeit: ca. 20 Minuten (plus Garzeit)
Pro Portion ca. 1093 kcal/4589 kJ
64 g E, 67 g F, 58 g KH

1 Das Huhn waschen, trocknen und zerteilen. Die Fleischteile salzen und pfeffern. Das Olivenöl erhitzen und das Huhn darin etwa 20 Minuten rundherum anbraten.

2 Inzwischen die Safranfäden in 1–2 El heißes Wasser legen und zur Seite stellen. Die Zwiebeln schälen, klein hacken und in die Pfanne zum Fleisch geben. Die Walnusskerne ebenfalls hacken und in der Pfanne kurz anrösten.

3 Die Brühe und Grenadine angießen und die restlichen Gewürze zufügen. Das Huhn noch etwa 30 Minuten garen.

4 Mit den Fingern die Kerne aus dem Granatapfel lösen und über das Huhn streuen. Auf einer Platte angerichtet servieren.

# Zitronen-Hähnchen mit Safran

**Für 4 Portionen**

4 Hähnchenkeulen
Salz
Pfeffer
2 El Öl
1 El Gemüsezwiebel
2 unbehandelte Zitronen
einige Safranfäden
250 ml Gemüsebrühe
1/2 Bund gehackte Zitronenmelisse

Zubereitungszeit: ca. 15 Minuten (plus Brat- und Garzeit)
Pro Portion ca. 310 kcal/1302 kJ
28 g E, 19 g F, 6 g KH

1 Die Hähnchenkeulen rundherum mit Salz und Pfeffer einreiben. In dem heißen Öl rundherum braun anbraten, dann herausnehmen.

2 Die Zwiebel schälen, in Ringe schneiden und im Bratfett glasig dünsten. Fleisch wieder hinzufügen.

3 Die Zitronen heiß abwaschen, trocknen, 1 Zitrone auspressen und den Saft mit Safran und der Brühe zum Fleisch geben. Die zweite Zitrone vierteln und ebenfalls hinzufügen.

4 Alles zugedeckt etwa 45 Minuten schmoren lassen. Mit der gehackten Zitronenmelisse anrichten. Dazu schmeckt Reis.

# Lammchops mit exotischen Gewürzen

**Für 4 Portionen**

1/2 Tl Kardamompulver
1/2 Zimtstange
2 Knoblauchzehen
1 Tl schwarze Pfefferkörner
1/2 Tl frisch geriebene Muskatnuss
1/2 Tl Chilipulver
8 Lammchops
3 El Olivenöl
1 Tl Zitronensaft
Chicorée, Strauchtomaten und 4 El Alfalfa zum Garnieren

Zubereitungszeit: ca. 20 Minuten
Pro Portion ca. 265 kcal/1113 kJ
25 g E, 12 g F, 51 g KH

1 Das Kardamompulver, die Zimtstange und die geschälten Knoblauchzehen in einen Mörser geben. Pfefferkörner, Muskatnuss und Chilipulver dazugeben und alles ganz fein zerstoßen. Das Fleisch mit der Gewürzmischung bestreichen.

2 Das Öl in einer Pfanne erhitzen und die Lammchops darin ca. 5 Minuten braten. Mit dem Zitronensaft beträufeln und das Ganze weitere 3 Minuten ziehen lassen.

3 Den Chicorée waschen, trocknen und die Blättchen lösen. Die Tomaten waschen, trocknen und in Spalten schneiden. Chicorée, Tomaten und Alfalfa mit den Lammchops auf Tellern anrichten und servieren. Dazu passt Fladenbrot.

# Lammfleischspieße vom Grill

**Für 4 Portionen**

1 Lammschulter ohne Knochen (ca. 1 kg)

3 rote Zwiebeln

2 rote Paprikaschoten

75 ml Olivenöl

Saft von 1 Zitrone

1 Tl getrockneter Oregano

1/2 Tl edelsüßes Paprikapulver

Salz

schwarzer Pfeffer

2 Knoblauchzehen

Zubereitungszeit: ca. 1 Stunde (plus Marinierzeit)
Pro Portion ca. 453 kcal/1901 kJ
60 g E, 21 g F, 7 g KH

1 Das Fleisch gut waschen und trocken tupfen, von allem Fett befreien und in mundgerechte Stücke schneiden (etwa 4 x 4 cm).

2 Die Zwiebeln schälen und vierteln. Die Paprikaschoten putzen, waschen, entkernen und in große Stücke schneiden.

3 Das Öl mit dem Zitronensaft, Oregano, Paprikapulver, Salz und Pfeffer mischen, den Knoblauch schälen, dazudrücken und die Fleischwürfel darin marinieren. Abgedeckt etwa 4–5 Stunden ziehen lassen.

4 Die Lammwürfel aus der Marinade nehmen und vorsichtig abtupfen. Die Marinade beiseitestellen. Nun die Fleischwürfel mit Paprika- und Zwiebelstücken abwechselnd auf Metallspieße stecken.

5 Die Spieße mit der Marinade einstreichen. Den Backofengrill auf höchste Stufe vorheizen und die Fleischspieße darunter etwa 10 Minuten grillen, dann erneut mit Marinade einpinseln und weitere 15 Minuten grillen, bis das Fleisch außen gut durchgebraten und innen leicht rosa ist.

# Geflügel-Hackbällchen mit Minz-Dip

**Für 4 Portionen**

1,2–1,5 kg Geflügelfleisch

6–7 Scheiben Toastbrot

je 3 grüne und rote Chilischoten

4 rote Zwiebeln

2 El frisch geriebener Ingwer

2 Eier

je 1 El Koriander- und Kreuzkümmelpulver

Salz

Pfeffer

Öl zum Frittieren

500 g Naturjoghurt

4–5 El Sahne

4 El frisch gehackte Minze

Minzeblättchen zum Garnieren

Zubereitungszeit: ca. 45 Minuten (plus Frittierzeit)
Pro Portion ca. 590 kcal/2478 kJ
39 g E, 35 g F, 28 g KH

1 Das Fleisch grob zerteilen und zusammen mit dem Brot, den geputzten und entkernten Chilischoten, den geschälten Zwiebeln und dem Ingwer durch die feine Seite des Fleischwolfs drehen.

2 Die Eier unter die Masse kneten und das Ganze mit Koriander, Kreuzkümmel, Salz und Pfeffer würzen. Mit feuchten Händen kleine Bällchen formen und diese in heißem Fett portionsweise ca. 6 Minuten goldbraun frittieren. Die Bällchen auf Küchenpapier abtropfen lassen.

3 Den Joghurt mit der Sahne, einer Prise Salz und Minze verrühren. Zusammen mit den Bällchen anrichten, mit Minzeblättchen garnieren und servieren.

Fisch

# Tajine mit Fisch und Mandeln

**Für 4 Portionen**
1 Zwiebel
2 Knoblauchzehen
100 ml Olivenöl
1 El Paprikapulver
1 Tl Kurkuma
1 Tl Kreuzkümmel
Salz
Pfeffer
1 Dose Tomaten (ca. 750 g)
750 g festes weißes Fischfilet
2 Zitronen
750 g Blattspinat
120 g geschälte Mandeln

Zubereitungszeit: ca. 20 Minuten (plus Garzeit)
Pro Portion ca. 760 kcal/3192 kJ
51 g E, 51 g F, 22 g KH

1 Zwiebel und Knoblauch schälen, hacken und in heißem Öl anbraten. Paprikapulver, Kurkuma, Kreuzkümmel, Salz und Pfeffer unterrühren.

2 Tomaten und 150 ml Wasser zugeben, 15 Minuten einkochen lassen. Den Backofen auf 180 °C (Umluft 160 °C) vorheizen.

3 Fisch waschen, trocknen und in große Würfel schneiden. Zitronen waschen und vierteln. Spinat putzen, waschen und klein schneiden.

4 Alles unter die Sauce heben. Zugedeckt im Backofen etwa 30 Minuten garen. Abschmecken und mit Mandeln bestreut servieren.

# Garnelen-Tajine mit Tomaten

**Für 4 Portionen**

20 Garnelen
1 Zwiebel
1 Knoblauchzehe
150 ml Olivenöl
750 g Tomaten
1 Tl Salz
1 Tl weißer Pfeffer
1/4 Tl Zucker
750 g Fenchel
3 El gehackter frischer Dill
3 El gehackte frische glatte Petersilie

Zubereitungszeit: ca. 50 Minuten
Pro Portion ca. 765 kcal/3213 kJ
108 g E, 28 g F, 17 g KH

1 Die Garnelen schälen, Köpfe und Darm entfernen. Garnelen gut waschen und trocken tupfen. Zwiebel und Knoblauch schälen und hacken. 50 ml Olivenöl in einem Topf erhitzen und Zwiebel sowie Knoblauch darin etwa 5 Minuten andünsten.

2 Die Tomaten kreuzweise einritzen, heiß überbrühen, häuten, von Kernen und Stielansätzen befreien und in Würfel schneiden. Tomaten, Salz, Pfeffer und Zucker zur Zwiebel geben und unter Rühren etwa 10 Minuten schmoren, bis die Flüssigkeit etwas eingedickt ist, dann beiseitestellen.

3 Den Fenchel putzen, waschen, harte Stücke entfernen und den Fenchel in Ringe schneiden. Etwas Wasser zum Kochen bringen und den Fenchel darin etwa 5 Minuten blanchieren.

4 50 ml Öl in einer Pfanne erhitzen und den Fenchel darin unter Rühren etwa 5 Minuten goldgelb schmoren. Inzwischen das restliche Öl in einer zweiten Pfanne erhitzen und die Garnelen darin von allen Seiten etwa 4 Minuten braten.

5 Das Tomatenmus kurz erwärmen und auf einer Platte oder in einer Tajineform anrichten. Garnelen und Fenchel darüber verteilen. Mit Dill und Petersilie bestreut servieren.

# Dorade mit Bulgurfüllung

**Für 4 Portionen**

60 g Bulgur
4 Schalotten
1 Staudensellerie
3 Knoblauchzehen
Pflanzenöl
1/2 Bund gehackte Petersilie
1 El frisch gehackter Dill
1/2 Tl Salz
frisch gemahlener Pfeffer
4 küchenfertige Doraden
1 geviertelte Limette

Zubereitungszeit: ca. 30 Minuten (plus Einweich- und Garzeit)
Pro Portion ca. 367 kcal/1536 kJ
50 g E, 13 g F, 10 g KH

1 Bulgur in etwa 100 ml kochendem Wasser einweichen und 20 Minuten quellen lassen, bis das Wasser aufgesogen ist.

2 Backofen auf 180 °C (Umluft 160 °C) vorheizen. Schalotten schälen und hacken. Sellerie waschen, putzen und hacken. Knoblauch schälen und in Scheiben schneiden.

3 Etwas Pflanzenöl in einer Pfanne erhitzen und das Gemüse sowie den Knoblauch darin bei mittlerer Hitze etwa 5 Minuten dünsten, bis die Schalotten glasig sind. Pfanne vom Herd nehmen und Bulgur, Petersilie, Dill, Salz und Pfeffer einrühren.

4 Doraden gut waschen und trocken reiben. Jeden Fisch mit je einem Viertel der Bulgurmischung füllen. Doraden auf ein mit Backpapier ausgelegtes Backblech legen und etwa 30 Minuten backen. Die Fische sind gar, wenn sich das Fleisch mit einer Gabel zerteilen lässt.

5 Die Fische häuten und mit gemahlenem Pfeffer bestreuen. Mit Limettenvierteln garniert servieren.

# Gefillte Fisch nach jiddischer Art

**Für 4 Portionen**

1 kg frischer Karpfen

Salz

2 hart gekochte Eier

1 Scheibe altes Challa (helles Sabbatbrot) oder 60 g Semmelbrösel

3 große Zwiebeln

1 Ei

2 El Öl

schwarzer Pfeffer aus der Mühle

Zucker

4 Möhren

Zubereitungszeit: ca. 45 Minuten (plus Garzeit)
Pro Portion ca. 623 kcal/2615 kJ
37 g E, 23 g F, 65 g KH

1 Den Karpfen waschen und in Scheiben schneiden, den Kopf zurückbehalten. Mit Salz bestreuen und für eine Stunde in den Kühlschrank stellen. Von Gräten und Haut befreien, die Haut aufheben.

2 Fisch mit den gekochten Eiern, Brot bzw. Semmelbröseln und einer fein gehackten Zwiebel zweimal durch den Fleischwolf drehen. Das rohe Ei, Öl, Salz, Pfeffer und eine Prise Zucker unterrühren und kühl stellen.

3 Für den Sud Möhren und restliche Zwiebeln klein schneiden, in einen Topf geben. Die Zutaten müssen knapp mit Wasser bedeckt sein. Aufkochen und auf kleiner Flamme etwa 30 Minuten köcheln lassen. Den Fischkopf dazugeben und weitere 15 Minuten köcheln lassen.

4 Währenddessen aus der abgekühlten Fischmasse kleine Kugeln formen, die Fischhaut ebenfalls mit der Fischmasse füllen und alles in die Brühe geben. Topfdeckel einen Spalt offen lassen und 1,5 Stunden köcheln lassen. Nach der Kochzeit auskühlen lassen und über Nacht kalt stellen. Zum Servieren die Fischbällchen mit etwas geliertem Fischsud auf einen Teller geben.

# Heilbutt mit Tomaten

**Für 4 Portionen**

1,2 kg Heilbutt
Salz
Pfeffer
2 El Zitronensaft
3 Zwiebeln
6 Tomaten
2 El Öl
1 Msp. Kurkuma
2 Tl gemahlener Koriander
1 Prise Chilipulver
4 El gehackter Koriander oder glatte Petersilie

Zubereitungszeit: ca. 15 Minuten (plus Garzeit)
Pro Portion ca. 338 kcal/1418 kJ
62 g E, 6 g F, 7 g KH

1 Den Fisch waschen und trocken tupfen. In 4 Portionsstücke schneiden, salzen, pfeffern, mit Zitronensaft beträufeln und beiseitestellen.

2 Die Zwiebeln schälen und fein hacken. Die Tomaten kreuzweise einritzen, mit kochendem Wasser überbrühen, anschließend häuten, den Stielansatz entfernen und das Fruchtfleisch grob würfeln.

3 Das Öl erhitzen, Zwiebeln darin 2 Minuten andünsten, Kurkuma, Korianderpulver und Chilipulver unterrühren und mitdünsten, bis es anfängt zu duften.

4 Den Fisch dazugeben, die Tomaten ebenfalls zugeben und ca. 3 Minuten garen lassen. Alles mit der Hälfte des frischen Korianders oder der Petersilie bestreuen und 8–10 Minuten zugedeckt gar ziehen lassen.

5 Das Curry mit dem restlichen Koriander oder der Petersilie bestreuen und servieren. Dazu schmeckt Reis oder Fladenbrot.

# Gebratener Fisch mit Spinat-Kokos-Creme

**Für 4 Portionen**

1 kg Fischfilet
1 El Zitronensaft
1/2 Tl Knoblauchpulver
1 Tl Zimt
1 Tl getrockneter Thymian
1/2 Tl Paprikapulver
Pfeffer
Salz
150 g frischer Blattspinat
300 ml Kokosmilch
2 Zwiebeln
1 Knoblauchzehe
40 g Butter
225 g küchenfertige geschälte Garnelen
40 g Mehl
1 Msp. gemahlener Curry
1 Msp. gemahlener Koriander

Zubereitungszeit: ca. 25 Minuten (plus Marinier-, Gar- und Bratzeit)
Pro Portion ca. 505 kcal/2121 kJ
62 g E, 20 g F, 20 g KH

1 Das Fischfilet waschen, trocknen und mit dem Zitronensaft beträufeln. Das Knoblauchpulver mit Zimt, Thymian, Paprikapulver, 1 Prise Pfeffer und 1 Prise Salz vermischen. Den Fisch damit rundherum einreiben. Abgedeckt mindestens 1 Stunde im Kühlschrank ziehen lassen.

2 Den Blattspinat putzen, waschen und in feine Streifen schneiden. Blattspinat mit der Kokosmilch in einem Topf zum Kochen bringen. Alles so lange köcheln lassen, bis der Spinat weich ist und sich die Flüssigkeit etwas reduziert hat. Topf vom Herd nehmen und etwas abkühlen lassen.

3 Zwiebeln und Knoblauch schälen. Zwiebeln fein hacken und Knoblauch mit einem Messerrücken mit etwas Salz fein zerdrücken.

4 Zwiebeln und Knoblauch in 20 g Butter unter Rühren glasig dünsten. Die Garnelen waschen, trocknen und 3 Minuten mitgaren.

5 Den etwas abgekühlten Spinat mit der Kokosmilch im Mixer fein pürieren, zu den Garnelen geben und unterheben. Alles weiterköcheln lassen.

6 Das Fischfilet in Stücke schneiden. Das Mehl mit etwas Salz, Curry und Koriander vermischen, Fischstücke darin wenden. 20 g Butter erhitzen und den Fisch darin von beiden Seiten etwa 6 Minuten goldbraun braten. Fisch mit der Spinat-Kokos-Creme anrichten. Dazu schmeckt Fladenbrot.

# Rotbarben in Orangensauce

**Für 4 Portionen**

4 große küchenfertige Rotbarben

1/2 Bund Dill

Salz

2 unbehandelte Orangen

1/2 Zitrone

60 ml Olivenöl

2 El Sesamkörner

Zubereitungszeit: ca. 50 Minuten (plus Marinier- und Garzeit)
Pro Portion ca. 353 kcal/1480 kJ
29 g E, 22 g F, 9 g KH

1 Die Fische gut waschen und trocken tupfen. Den Dill waschen und trocken schütteln, fein hacken. Die Fische innen salzen und mit Dill einreiben, in eine große Auflaufform legen.

2 1 1/2 Orangen und die Zitrone auspressen. Den Saft mit dem Olivenöl verrühren und über die Fische gießen. Die Fische mit Folie abdecken und etwa 2 Stunden zum Marinieren beiseitestellen.

3 Den Backofen auf 180 °C (Umluft 160 °C) vorheizen. Die 1/2 verbliebene Orange in Scheiben schneiden, entrinden und diese halbieren.

4 Die Orangenscheiben auf die Fische legen und im Ofen etwa 20 Minuten schmoren.

5 Die Form aus dem Ofen holen und die Fische mit dem Schmorsud beträufeln. Die Sesamkörner in einer Pfanne rösten, bis sie duften. Die Fische damit bestreuen und servieren.

# Fischspieße vom Grill

**Für 4 Portionen**

2 Knoblauchzehen
1/2 Tl Paprikapulver
Salz
1 Bund Koriandergrün
1/2 Bund Petersilie
1/2 Tl gemahlener Kreuzkümmel
schwarzer Pfeffer
1 Zitrone
1 Tl Essig
1 El Olivenöl
1 kg Fischfilet
4 Tomaten
3 Salzzitronen

Zubereitungszeit: ca. 30 Minuten (plus Marinierzeit)
Pro Portion ca. 533 kcal/2237 kJ
53 g E, 31 g F, 111 g KH

1 Aus Knoblauch, Paprika und Salz im Mörser oder Mixer eine Paste zubereiten. Die restlichen Kräuter und Gemüse nach und nach zugeben und ebenfalls zermahlen.

2 Die Zitrone auspressen und den Saft mit Essig und Öl zugeben und alles zu einer homogenen Paste verarbeiten.

3 Die Paste auf kleiner Flamme etwas erwärmen, damit sich die Aromen voll entfalten können. Nicht kochen lassen! Die Paste abkühlen lassen.

4 Das Fischfilet waschen, trocknen und in Würfel schneiden. Mit der Gewürzpaste bedecken und einige Stunden marinieren lassen.

5 Die Tomaten und die Salzzitronen in Spalten schneiden und abwechselnd mit den Fischwürfeln auf Spieße stecken. Auf dem Grill von allen Seiten gleichmäßig grillen. Dazu passt Fladenbrot.

Süßes

# Baklava mit Rosenwasser

**Für 10 Stücke**

200 g Pistazienkerne
100 g geschälte Mandeln
450 g Zucker
1 Tl Kardamomkörner
1 Tl Zimtpulver
125 g Butter
750 g Yufkateig (Blätterteig)
1 Tl Zitronensaft
1/2 Tl gemahlener Kardamom
1 El Rosenwasser

Zubereitungszeit:
ca. 1 Stunde 50 Minuten
Pro Portion ca. 1413 kcal/5933 kJ
30 g E, 90 g F, 123 g KH

1 Die Pistazienkerne und die Mandeln, 150 g Zucker und die Kardamomkörner im Mixer zerkleinern und mit Zimt mischen. Die Butter schmelzen.

2 Eine rechteckige Backform mit etwas Butter einfetten, 3 Lagen Yufkateig ausschneiden und Butter darauf pinseln. Den Teig in die Form legen und mit Nussmasse bestreichen. Zwei weitere Lagen auflegen, wieder mit Nussmasse auffüllen. Den Vorgang nochmals wiederholen und zum Abschluss drei Lagen gebutterten Yufkateig auflegen.

3 Den Teig in Rauten schneiden, mit der restlichen Butter bepinseln und bei 180 °C auf der mittleren Einschubleiste 35–40 Minuten backen. Währenddessen den restlichen Zucker mit ca. 1/2 l Wasser zum Kochen bringen.

4 Den Zitronensaft und den gemahlenen Kardamom einrühren, kochen lassen und das Rosenwasser zugießen. Das Baklava aus dem Ofen nehmen, mit dem Sirup begießen und die Rauten nochmals teilen.

# Gold des Granatapfels mit Honiglikör

**Für 4 Portionen**

8 vollreife Granatäpfel
8 El gemahlene Mandeln
4 Tl Sesamsamen
4 Tl Kürbiskerne
4 Tl Pinienkerne
4 Tl Honiglikör

Zubereitungszeit: ca. 15 Minuten (plus Kühlzeit)
Pro Portion ca. 680 kcal/2856 kJ
19 g E, 42 g F, 48 g KH

1 Die Granatäpfel schälen und die Kerne herauslösen. Die Kerne fein hacken und mit Mandeln, Sesamsamen, Kürbiskernen und Pinienkernen vermischen.

2 Den Honiglikör zu den Granatapfelkernen geben, alles miteinander vermischen.

3 Vor dem Servieren etwa 30 Minuten kalt stellen. Gut gekühlt ist diese Fruchtspeise eine Woche haltbar.

# Reismehl-Pudding mit Rosenwasser

**Für 4 Portionen**

50 g Reismehl
30 g Maismehl
1/2 l Milch
1/2 l Sahne
75 g Zucker
2 El Rosenwasser
50 g gemahlene Mandeln
25 g gemahlene Pistazien
1 El frische Granatapfelkerne
einige Blättchen Minze

Zubereitungszeit: ca. 35 Minuten (plus Zeit zum Abkühlen)
Pro Portion ca. 695 kcal/2919 kJ
12 g E, 52 g F, 45 g KH

1 Reis- und Maismehl in einer Schüssel mischen und mit etwas Milch verrühren, bis eine zähe Paste entstanden ist.

2 Restliche Milch und Sahne in einen Topf geben und aufkochen, den Zucker hinzufügen und wenige Minuten köcheln. Dann die Mehlpaste hineingeben und unter Rühren in der Flüssigkeit auflösen.

3 Die Mischung bei geringer Temperatur etwa 15 Minuten köcheln, bis ein dicker Brei entstanden ist. Dabei ständig rühren, damit nichts anbrennt.

4 Rosenwasser und Mandeln hineinrühren und alles weitere 5 Minuten köcheln.

5 Den Pudding in Dessertschalen füllen und ganz abkühlen lassen. Mit Pistazien, Granatapfelkernen und Minzeblättchen garnieren und servieren.

# Quitten und Feigen in Sirup

**Für 4 Portionen**

Für die Quitten:
2 große Quitten (etwa 800 g)
Saft von 1 Zitrone
4 Nelken
200 g Zucker
1 grüner Apfel

Für die Feigen:
500 g frische Feigen, nicht ganz ausgereift
Saft von 2 Zitronen
500 g Zucker
1 Zimtstange

Zubereitungszeit: ca. 15 Minuten (plus Garzeit)
Pro Portion ca. 843 kcal/3539 kJ
2 g E, 1 g F, 202 g KH

1 Die Quitten waschen, schälen und längs achteln. Das Kerngehäuse entfernen, dabei 7 oder 8 Kerne aufbewahren. Die Quitten nebeneinander in einen großen Topf legen, mit Zitronensaft begießen.

2 Nelken, Quittenkerne, Zucker und 0,5 l Wasser in den Topf geben. Den Apfel schälen und über die Quitten raspeln. Die Quitten bei geschlossenem Deckel etwa 1 Stunde 15 Minuten garen, bis sie auf Fingerdruck nachgeben. Ab und zu mit dem Zuckersirup begießen.

3 Quitten aus dem Topf nehmen und auf eine große Platte legen. Den Sirup etwa 10 Minuten geleeartig einkochen lassen, Gewürze und Kerne entfernen. Quitten mit Sirup übergießen und servieren.

4 Die Feigen waschen, trocknen und je nach Größe vierteln bzw. achteln. Mit Zitronensaft beträufeln und ziehen lassen. Dann die Früchte mit Zucker und Zimtstange in einen Topf mit etwas Wasser geben und 15 Minuten köcheln.

5 Den Topf hin und wieder leicht schütteln, die Früchte nicht umrühren. Dabei könnten sie zerfallen. Die Feigen abkühlen lassen und mit dem Sirup entweder in ausgespülte Gläser füllen oder servieren.

# Apfelrollen mit Mandelstiften

**Für 4 Portionen**

750 g säuerliche Äpfel
2 El Butter
125 g Zucker
125 g Mandelstifte
10–12 Blätter Filo- oder Yufkateig (Blätterteig)
2 Eigelb
Fett zum Frittieren
Puderzucker

Zubereitungszeit: ca. 20 Minuten (plus Koch- und Backzeit)
Pro Portion ca. 635 kcal/2667 kJ
10 g E, 45 g F, 49 g KH

1 Äpfel schälen, entkernen und klein würfeln. Butter erhitzen und Äpfel mit 3 El Zucker etwa 8 Minuten dünsten, bis sie weich sind und die Flüssigkeit vollständig verkocht ist.

2 Mandelstifte in einer Pfanne ohne Fett hellbraun anrösten, restlichen Zucker darüber streuen und unter Rühren hellbraun karamellisieren lassen. Die Masse auf Backpapier verteilen und abkühlen lassen, anschließend klein hacken.

3 Teigplatten diagonal halbieren. Mandelkaramell unter das Apfelmus rühren. Apfel-Karamell-Masse auf die lange Seite des halbierten Teigblattes geben, dabei einen Rand frei lassen. Teigränder mit verquirltem Eigelb bestreichen.

4 Die beiden äußeren Ecken nach innen auf die Füllung klappen. Teigblatt zur Spitze hin aufrollen und im heißen Fett etwa 1 Minute goldbraun frittieren.

5 Herausnehmen und auf Küchenpapier abtropfen lassen. Vor dem Servieren mit Puderzucker bestäuben.

# Aprikosen-Walnuss-Spieße mit Schokolade

**Für 4 Portionen**

12 reife, aber feste Aprikosen

125 g Butter

4 El Zucker

1 Msp. Vanillinzucker

50 g geraspelte Zartbitterschokolade

12 halbierte Mandeln, Walnüsse oder Cashewkerne

etwas Puderzucker

Zubereitungszeit: ca. 25 Minuten (plus Backzeit)
Pro Portion ca. 520 kcal/2184 kJ
7 g E, 41 g F, 31 g KH

1 Den Grill auf 200 °C vorheizen. Die Aprikosen putzen, waschen und trocken reiben. Anschließend den Stein aus der Frucht herauslösen. Dafür eine kleine Spalte in den Blütenansatz der Aprikose schneiden und den Stein vorsichtig herausheben, damit die Frucht ganz bleibt.

2 Die weiche Butter mit dem Zucker und Vanillinzucker in einer Schüssel verrühren, die Schokoladenraspeln unterheben. In jede Aprikose je eine Mandel, einen Walnuss- oder Cashewkern stecken. Einen Teil der Buttermasse darüber verteilen und damit die Öffnung verschließen.

3 Die Aprikosen dann in der restlichen Buttermischung wenden. Je nach Größe 2–3 Aprikosen auf einen Spieß stecken und auf einen Grillrost legen. Im Backofen etwa 10 Minuten grillen.

4 Herausnehmen, mit Puderzucker bestreuen und heiß servieren. Die Aprikosen-Walnuss-Spieße schmecken auch gut zu Vanilleeis.

# Honigplätzchen mit Mandeln

**Für etwa 20 Stück**

1/2 Tl Natron

Saft und abgeriebene Schale von 1 unbehandelten Orange

150 ml Olivenöl

325 g Honig

60 ml Metaxa

1 1/2 Tl Zimtpulver

400 g Mehl

3 Tl Backpulver

1 Prise Salz

120 g Zucker

100 g gehackte Mandeln

Zubereitungszeit: ca. 1 Stunde
Pro Stück ca. 217 kcal/911 kJ
3 g E, 8 g F, 32 g KH

1 Das Natron in den Orangensaft rühren. Olivenöl mit 75 g Honig glatt rühren, Metaxa und 1/2 Teelöffel Zimt zufügen und den Orangensaft dazugießen.

2 Das Mehl mit dem Backpulver mischen und unter Rühren in die Ölmasse sieben. Salzen und den Teig mit dem Rührgerät gut durchkneten. Die Orangenschale dazugeben und den Teig geschmeidig kneten.

3 Den Backofen auf 180 °C (Umluft 160 °C ) vorheizen. Nun vom Teig kleine Mengen abnehmen und daraus ovale bis runde Plätzchen formen. Plätzchen auf ein gefettetes Backblech setzen.

4 Jedes Plätzchen mit einer Gabel flach drücken. Dann im Ofen etwa 20 bis 25 Minuten backen. Auf einem Kuchengitter abkühlen lassen.

5 Restlichen Honig mit Zucker und 150 ml Wasser verrühren und in einem Topf aufkochen lassen, dann etwa 5 Minuten köcheln. Die Plätzchen portionsweise in den Sirup geben und etwa 2 Minuten darin ziehen lassen. Herausnehmen und mit Mandeln und restlichem Zimt bestreuen.

# Orangenschalen in Sirup

**Für etwa 30 Stück**

8 unbehandelte Orangen (ca. 1 kg)

1 kg Zucker

Saft von 1 Zitrone

Zubereitungszeit: ca. 30 Minuten (plus Zeit zum Einweichen, Garen und Ziehen)
Pro Stück ca. 151 kcal/634 kJ
0 g E, 0 g F, 36 g KH

1 Orangen heiß abwaschen und trocken tupfen. Jede Frucht längs in 6 Teile schneiden und die Schale vorsichtig abziehen. Orangenschale in eine Schüssel mit Wasser legen. Anschließend jeweils 10 Schalen mit der Nadel auf Küchengarn aufziehen und so alle Schalen verarbeiten. Die Fadenenden verknoten.

2 Die aufgereihten Schalen 24 Stunden in Wasser legen, das Wasser währenddessen 3 bis 4 Mal erneuern. Dann die Schalen abtropfen lassen und in einen Topf mit etwa 3 Litern Wasser geben. Aufkochen und 15 Minuten köcheln. Abgießen und in einem Sieb abtropfen lassen.

3 Schalen wieder zurück in den Topf geben, und nochmal in 3 Litern Wasser etwa 10 Minuten kochen, bis die Schalen weich sind, aber nicht zerfallen. Mindestens 1 Stunde abtropfen lassen.

4 Inzwischen den Zucker mit 150 ml Wasser und Zitronensaft in einem Topf unter Rühren aufkochen und auflösen lassen. Zuckerlösung weiterkochen, bis sie eindickt. Die Orangenschalen in den Sirup geben, vorher von den Fäden lösen. 5 Minuten köcheln, dann die Schalen über Nacht im Sirup ziehen lassen.

5 Am nächsten Tag den Sirup mit den Orangenschalen erwärmen und 4 Minuten eindicken lassen. Anschließend abkühlen lassen und alles in vorbereitete und sterilisierte Gläser füllen.

# Dattelkuchen mit Orangenlikör

**Für 12 Sücke**

400 g frische Datteln
150 g Mandeln
150 g Zucker
3 El Butter
4 Eier
1 P. Bourbon-Vanillezucker oder Vanillemark von 1 Vanilleschote
3 El Speisestärke
2 cl Orangenlikör
Butter für die Form
Puderzucker zum Bestäuben

Zubereitungszeit: ca. 20 Minuten (plus Backzeit)
Pro Stück ca. 299 kcal/1256 kJ
6 g E, 12 g F, 42 g KH

1 Backofen auf 225 °C (Umluft 205 °C) vorheizen. Die Datteln putzen, den Kern entfernen und das Fruchtfleisch klein hacken. Die Mandeln mit kochendem Wasser überbrühen und 1 Minute darin stehen lassen. Das Wasser abgießen und die Häutchen mit den Fingern von den Mandeln lösen.

2 Mandeln auf ein Backblech legen und im Backofen bei 200 °C (Umluft 180 °C) etwa 3 Minuten trocknen lassen. Anschließend leicht abkühlen lassen und mit 2/3 des Zuckers in einem Mörser zerstoßen oder im Mixer fein pürieren.

3 Die Butter zerlassen. Die Eier trennen. Das Eigelb mit dem restlichen Zucker und dem Vanillezucker oder dem Mark der Vanilleschote schaumig rühren. Die Speisestärke unterrühren.

4 Die klein gehackten Datteln, die Mandelmasse, die zerlassene Butter und den Orangenlikör zur Ei-Zucker-Masse hinzugeben und sorgfältig damit verrühren. Das Eiweiß zu steifem Schnee schlagen und nach und nach unter die Dattelmasse heben.

5 Eine Springform (Ø 26 cm) mit Butter ausstreichen und die Dattelmasse hineinfüllen. Kuchen etwa 20 Minuten backen lassen. Nach der Backzeit die Temperatur auf 200 °C (Umluft 180 °C) reduzieren und den Kuchen noch 20–25 Minuten weiter backen lassen. Herausnehmen, abkühlen lassen und mit Puderzucker bestäubt servieren.

# Gazellenhörnchen aus Marokko

**Für 50 Stück**

1 kg gemahlene Mandeln
500 g Puderzucker
200 ml Orangenblütenwasser
130 g zerlassene Butter
500 g Mehl
1 Eiweiß

Zubereitungszeit: ca. 50 Minuten (plus Zeit zum Backen und Abkühlen)
Pro Portion ca. 405 kcal/1701 kJ
5 g E, 14 g F, 64 g KH

1 Für die Füllung die Mandeln mit dem Puderzucker vermengen, bis eine ölige Paste entstanden ist. Dann 100 ml Orangenblütenwasser und 1El Butter unterrühren. Dann etwa pflaumengroße Portionen abstechen und diese zur Seite legen.

2 Für den Teig Mehl, 110 g Butter und 100 ml Orangenblütenwasser zu einem festen Teig verkneten. Den Teig möglichst dünn ausrollen und mit einer Ausstechform oder einer Tasse Kreise von etwa 10 cm Durchmesser ausstechen.

3 In die Mitte eines jeden Kreises ein Stückchen der Füllung legen und die Seiten zuklappen. Mit dem Daumen eine Seite in der Mitte so eindrücken, dass ein Halbmond entsteht. Zum Verschließen mit einer Gabel den Rand nochmals festdrücken.

4 Mit einer Nadel Luftlöcher in die Hörnchen stechen und anschließend mit Eiweiß bepinselt auf ein leicht gefettetes Backblech legen. Im vorgeheizten Ofen bei 180 °C (Umluft 160 °C) etwa 10 Minuten goldgelb backen, abkühlen lassen und servieren.

# Der Turban des Richters
## aus Tunesien

**Für 15 Stück**

500 g Mehl
1/2 Tl Salz
2 l Erdnussöl zum Frittieren
500 g Honig
200 g zerlassene Butter

Zubereitungszeit: ca. 35 Minuten (plus Frittierzeit)
Pro Portion ca. 387 kcal/1625 kJ
6 g E, 10 g F, 68 g KH

1 Mehl und Salz in eine Schüssel geben, 1/2 l Wasser zufügen und den Teig kräftig verrühren. Inzwischen in einem Topf das Öl zum Frittieren erhitzen.

2 Aus dem Teig etwa 15 Bällchen formen. Jedes Bällchen hinlegen und mit den Händen zu einem Faden ausrollen. Den Faden mit dem Nudelholz zu einem 2–3 cm breiten Band rollen, dieses kreisförmig um die Finger einer Hand zu einem turbanähnlichen Knäuel aufwickeln.

3 Den Teig in das Öl geben und von beiden Seiten goldbraun backen, dann auf Küchenpapier abtropfen lassen. Inzwischen den Honig erwärmen und das Gebäck mit Honig und der Butter überziehen. Auf einer Platte anrichten und servieren.

# Reispudding mit Bananen

**Für 4 Portionen**

120 g Vollkorn-Patna-Reis
1–1, 5 l Vollmilch
5 reife Bananen
4 El brauner Zucker
3–4 El Crème double
10 g grüne Kardamomkapseln
2 El abgeriebene Schale 1 unbehandelten Zitrone
1/2 Bund Minze
100 g süße Kokoscreme
Minzeblättchen zum Garnieren

Zubereitungszeit: ca. 1 Stunde (plus Kochzeit)
Pro Portion ca. 335 kcal/1407 kJ
10 g E, 9 g F, 62 g KH

1 Den Reis abspülen und mit der Hälfte der Milch in einem beschichteten Topf kurz aufkochen. Dann die Hitze reduzieren und den Reis ca. 35–45 Minuten kochen lassen, bis die Milch eingekocht ist, dabei immer wieder umrühren.

2 Die Bananen schälen und mit dem Zucker, der Crème double und den Kardamomkapseln fein pürieren. Die abgeriebene Zitronenschale und die fein gehackte Minze unterheben.

3 Die Bananencreme und die restliche Milch zu dem Reis geben, unterrühren und alles abkühlen lassen. Zuletzt die Kokoscreme unterrühren.

4 Das Ganze portionsweise in Schälchen anrichten und mit Minzeblättchen garniert servieren.

# Rezeptverzeichnis

Der Verlag dankt folgenden Firmen, Agenturen und Organisationen für die freundliche Zurverfügungstellung von Fotos:
L. Bisschops 9, 10, 11, 13
MEV 4 (oben links), 6

Alle übrigen Fotos: TLC Fotostudio